Hans-Bernd Spies

Friedrich Carl Joseph Freiherr von Erthal
1719-1802

Mitteilungen aus dem Stadt- und Stiftsarchiv Aschaffenburg

Beiheft 1

herausgegeben
von

Hans-Bernd Spies

Hans-Bernd Spies

Friedrich Carl Joseph Freiherr von Erthal
1719-1802
Erzbischof von Mainz und Kurfürst des Reiches (1774-1802)

Kleine kultur- und sozialgeschichtliche Studien zu seiner Zeit

Aschaffenburg 2002
Stadt- und Stiftsarchiv

Gesamtherstellung:
Verlagsdruckerei Schmidt, 91413 Neustadt an der Aisch

ISBN 3-922355-25-0

Inhalt

Friedrich Carl Joseph Freiherr von Erthal, Erzbischof von Mainz und Kurfürst des Reiches - eine biographische Skizze 7

Die Königswahlen am Mainzer Hof und Friedrich Carl Joseph Freiherr von Erthal 17

Aschaffenburg im letzten Viertel des 18. Jahrhunderts, beschrieben in fünf 1783-1801 veröffentlichten Reiseberichten. Bemerkungen von Johann Matthäus Hassencamp, Johann Kaspar Riesbeck, Philipp Wilhelm Gercken, Christian Friedrich Gottlieb Thon und Carl Gottlob Küttner 30

Berichterstattung über das Erzstift Mainz in Goekingks „Journal von und für Deutschland" und deren Folgen (1784/85) 52

Amtlicher Verweis für den Drucker Alexander Kaufmann wegen einer Notiz in seinem ‚Aschaffenburger privilegirten Intelligenzblatt' (1786) über eine angeblich in Mainz bevorstehende Coadjutorwahl 83

Landesherr und Weißbrotpreis (1795) 93

Index – Personen und Topographie 96

Friedrich Carl Joseph Freiherr von Erthal, Erzbischof von Mainz und Kurfürst des Reiches – eine biographische Skizze

Als Friedrich Carl Joseph Freiherr von Erthal[1] am 3. Januar 1719 in Mainz[2] als zweiter Sohn des im Dienst des Erzstiftes stehenden Philipp Christoph Freiherr von Erthal (1689-1748) und dessen Ehefrau Maria Eva, geb. Freiin von Bettendorf (1695/96-1738), die 1717 geheiratet hatten[3], geboren wurde, war seine Familie noch ein in zwei Stämmen mit je sieben männlichen Mitgliedern blühendes Geschlecht, doch als er am 25. Juli 1802 starb, war die jüngere Linie Erthal-Leuzendorf bereits seit fast 22 Jahren im Mannesstamm ausgestorben, und von seiner Linie Erthal-Elfershausen lebte nur noch sein älterer Bruder Lothar Franz Michael (1717-1805)[4], mit dem das Geschlecht dann im Mannesstamm erlosch[5]. Bei des künftigen Erzbischofs und Kurfürsten Geburt hatte Kaiser Karl VI. (1685-1740)[6] als letzter Habsburger auf dem römisch-

---

[1] Mangels einer modernen Biographie sei auf folgende Aufsätze und Artikel verwiesen: *N[iklas] Müller*, Friedrich Karl Joseph Erthal, der letzte Kurfürst von Mainz und Erzbischof von Worms, in: ders., Die sieben letzten Kurfürsten von Mainz und ihre Zeit, charakteristische Gemäldegallerie von Ueberlieferungs- und Erinnerungsstücken zwischen 1679 und 1794, Mainz 1846, S. 383-436, *[Martin Balduin] Kittel*, Geschichte der freiherrlichen Familie von und zu Erthal. Aus den Quellen dargestellt, in: Archiv des historischen Vereines von Unterfranken und Aschaffenburg 17 (1865), Heft 2-3, S. 97-255, dies S. 195-217, *[Emanuel?] Leser*, Friedrich Karl Joseph, Freiherr von Erthal, der letzte Kurfürst von Mainz (1774-1802), in: Allgemeine Deutsche Biographie, Bd. 7, Leipzig 1878, S. 552-557, *Heribert Raab*, Friedrich Karl Frhr. v. Erthal, Kurfürst und Erzbischof von Mainz, in: Neue Deutsche Biographie (künftig: NDB), Bd. 5, Berlin 1961, S. 517-518, *Hanns Hubert Hofmann*, Friedrich Karl Joseph von Erthal, in: Biographisches Wörterbuch zur deutschen Geschichte, begr. v. Hellmut Rößler u. Günther Franz, bearb. v. Karl Bosl, Günther Franz u. Hanns Hubert Hofmann, Bd. 1, München ²1973, Sp. 773-775, *Karl Otmar Freiherr von Aretin*, Friedrich Karl Freiherr von Erthal. Der letzte Kurfürst-Erzbischof von Mainz, in: Christoph Jamme u. Otto Pöggeler (Hrsg.), Mainz - „Centralort des Reiches". Politik, Literatur und Philosophie im Umbruch der Revolutionszeit (Deutscher Idealismus. Philosophie und Wirkungsgeschichte in Quellen und Studien, Bd. 11), Stuttgart 1986, S. 77-93, *Friedhelm Jürgensmeier*, Friedrich Karl Joseph Reichsfreiherr von Erthal, in: Erwin Gatz (Hrsg.), Die Bischöfe des Heiligen Römischen Reiches 1648 bis 1803. Ein biographisches Lexikon, Berlin 1990, S. 95-99, *ders.*, Friedrich Karl Joseph v. Erthal, Kurfürst, Erzkanzler, Ebf. v. Mainz (1774), Bf. v. Worms, in: Lexikon für Theologie und Kirche, begr. v. Michael Buchberger, hrsg. v. Walter Kasper (künftig: LThK), Bd. 3, Freiburg / Basel / Rom / Wien ³1995, Sp. 836, sowie *Karl Heinz Debus*, Friedrich Karl Joseph, Freiherr von Erthal, Erzbf. von Mainz, in: Gerhard Taddey (Hrsg.), Lexikon der deutschen Geschichte. Ereignisse, Institutionen, Personen. Von den Anfängen bis zur Kapitulation 1945, Stuttgart ³1998, S. 404.

[2] In der älteren, aber auch noch in der neueren Literatur ist zuweilen fälschlicherweise Lohr am Main als Geburtsort angegeben; vgl. z. B. *Kittel* (wie Anm. 1), S. 195, *Eduard Coudenhove-Erthal*, Die Kunst am Hofe des letzten Kurfürsten von Mainz (Friedrich Carl Joseph v. Erthal) 1774-1802, in: Wiener Jahrbuch für Kunstgeschichte 10 (1935), S. 56-86, dies S. 57, *Günter Christ*, Friedrich Karl Joseph von und zu Erthal, Erzbischof, Fürstbischof, in: Karl Bosl (Hrsg.), Bayerische Biographie. 8000 Persönlichkeiten aus 1500 Jahrhunderten, Regensburg 1983, S. 185, sowie Europäische Stammtafeln. Stammtafeln zur Geschichte der europäischen Staaten, Neue Folge, hrsg. v. Detlev Schwennicke, Bd. 11: Familien vom Mittel- und Oberrhein und aus Burgund, Marburg 1986, Taf. 51.

[3] Zu diesen Eheleuten vgl. *Kittel* (wie Anm. 1), S. 162-175, 184 f. u. 191 f., sowie *Günter Christ*, Philipp Christoph von und zu Erthal, kurmainz. Beamter, Hofkavaliersarchitekt, in: Bosl (wie Anm. 2), S. 185.

[4] Zu diesem vgl. *Kittel* (wie Anm. 1), S. 192-195 u. 229-248, *Sigrid von der Gönna*, Hofbibliothek Aschaffenburg. Ihre Geschichte in der Tradition der Kurfürstlich Mainzischen Bibliothek, Wiesbaden 1982, S. 185 ff., sowie *Günter Christ*, Lothar Franz Michael von und zu Erthal, in: Bosl (wie Anm. 2), S. 185.

[5] Vgl. Europäische Stammtafeln, Bd. 11 (wie Anm. 2), Taf. 51 f.

[6] Zu diesem, 1703-1714 König von Spanien und 1711-1740 römisch-deutscher Kaiser, vgl. *Max Braubach*, Karl VI., Kaiser (als König von Spanien Karl III.), in: NDB (wie Anm. 1), Bd. 11, Berlin 1977, S. 211-218, *Volker Press*, Karl VI., Kaiser (als König von Ungarn und König von Spanien Karl III., als König von Böhmen Karl II.), in: Brigitte Hamann (Hrsg.), Die Habsburger. Ein biographisches Lexikon, München 1988, S. 215-219, sowie *Hans Schmidt*, Karl VI. 1711-1740, in: Anton Schindling u. Walter Ziegler (Hrsg.), Die Kaiser der Neuzeit 1519-1918. Heiliges Römisches Reich, Österreich, Deutsches Reich, München 1990, S. 200-214 u. 485-487.

deutschen Thron gesessen, als er starb, hatte er außer diesem vier weitere Kaiser überlebt[7], und es regierte seit etwas mehr als zehn Jahren der dem Hause Habsburg-Lothringen angehörende Franz II. (1768-1835)[8] als letzter Kaiser des Heiligen Römischen Reiches Deutscher Nation.

Friedrich Carl Joseph Freiherr von Erthal[9] war schon im Knabenalter für die geistliche Laufbahn bestimmt, denn bereits 1728 erhielt er die Tonsur[10] und wurde Domizellar im Hochstift Bamberg[11], d. h., er war Anwärter ohne Stimmrecht auf einen Sitz im Domkapitel[12] und bezog als solcher Einkünfte aus einer Präbende[13], gleiches wurde er 1731 in Mainz; zugunsten seines jüngeren Bruders Franz Ludwig (1730-1795)[14] verzichtete er auf die ihm 1739 in Würzburg zugefallene entsprechende Stelle bereits nach gut acht Monaten[15]. Er hatte zunächst das Jesuitenkolleg in Mainz besucht und studierte anschließend an den Universitäten Mainz, Würzburg und Reims Philosophie, Rechtswissenschaften und Theologie[16]. Nachdem er 1745 die nie-

---

[7] Vgl. *Hermann Grotefend*, Taschenbuch der Zeitrechnung des deutschen Mittelalters und der Neuzeit, Hannover ¹³1991, S. 115.

[8] Zu diesem, 1792-1806 römischer-deutscher Kaiser und 1804-1835 Kaiser von Österreich, vgl. *Hugo Hantsch*, Franz II., Kaiser (Franz I. als Kaiser von Österreich [seit 1804]), in: NDB, Bd. 5 (wie Anm. 1), S. 358-361, *Lorenz Mikoletzky*, Franz II. (I.), römisch-deutscher Kaiser, Kaiser von Österreich, in: Hamann (wie Anm. 6), S. 130-134, *Walter Ziegler*, Franz II. 1792-1806, in: Schindling u. Ziegler (wie Anm. 6), S. 289-306 u. 492-495, sowie *ders.*, Franz I. von Österreich 1806-1835, in: ebd., S. 309-328.

[9] Wenn nicht anders vermerkt, die folgenden biographischen Angaben ohne Einzelnachweise nach *Jürgensmeier*, Reichsfreiherr von Erthal (wie Anm. 1), S. 95-99; die weitere in Anm. 1 genannte Literatur wird nur erwähnt, wenn sie bei wichtigen Fakten abweichende Angaben enthält.

[10] Die Tonsur war das Zeichen für die Aufnahme in den geistlichen Stand; vgl. *Hubertus Lutterbach*, Tonsur, in: LThK (wie Anm. 1), Bd. 10, Freiburg / Basel / Rom / Wien ³2001, Sp. 107-108.

[11] Vgl. *Friedrich Wachter*, General-Personal-Schematismus der Erzdiözese Bamberg 1007-1907. Eine Beigabe zum Jubeljahre der Bistumsgründung, Bamberg 1908, S. 113, sowie *Jürgensmeier*, Reichsfreiherr von Erthal (wie Anm. 1), S. 95; bei Raab, Erthal (wie Anm. 1), S. 517, ins Jahr 1731 – also wie in Mainz –, bei *Aretin*, Erthal (wie Anm. 1), S. 78, sogar – bei dessen sich immer wieder als oberflächlich erweisender Arbeitsweise wundert das nicht – zeitlich nach Mainz gelegt.

[12] Vgl. *Hans-Jürgen Becker*, Kapitel, I. Dom- und Stiftskapitel, in: Lexikon des Mittelalters, Bd. 5, München / Zürich 1991, Sp. 938-939, *Johann Hirnsperger*, Domkapitel, in: LThK, Bd. 3 (wie Anm. 1), Sp. 326-328, bes. Sp. 326 f., sowie *Georg May*, Geistliche Ämter und kirchliche Strukturen, in: Friedhelm Jürgensmeier (Hrsg.), Handbuch der Mainzer Kirchengeschichte, Bd. 2: Erzstift und Erzbistum Mainz. Territoriale und kirchliche Strukturen (Beiträge zur Mainzer Kirchengeschichte, Bd. 6,2), Würzburg 1997, S. 445-612, dies S. 490.

[13] Eine Präbende war der Anteil eines Kanonikers, ob nun Domizellar oder Kapitular, am Vermögen und am Einkommen eines Stiftes; vgl. *Georg May*, Präbende, in: LThK (wie Anm. 1), Bd. 8, Freiburg / Basel / Rom / Wien ³1999, Sp. 464-465, sowie *ders.*, Pfründe, in: ebd., Sp. 197-198.

[14] Zu diesem, 1779-1795 Fürstbischof von Würzburg und von Bamberg, vgl. *Egon Johannes Greipl*, Franz Ludwig Reichsfreiherr von Erthal, in: Gatz (wie Anm. 1), S. 93-95.

[15] Er wurde am 31. Januar 1739 Domizellar in Würzburg und verzichtete am 3. Oktober 1739 zugunsten seines Bruders; vgl. *Wachter* (wie Anm. 11), S. 113; vgl. auch *Müller* (wie Anm. 1), S. 384, *Kittel* (wie Anm. 1), S. 219 f., *Christ*, F. K. J. von und zu Erthal (wie Anm. 2), S. 185, sowie *Jürgensmeier*, Reichsfreiherr von Erthal (wie Anm. 1), S. 95.

[16] Keiner der in Anm. 1 u. 2 genannten Artikel enthält konkrete Zeitangaben über seine Studienzeit, nimmt man jedoch Gymnasial- und Studienzeit (1742-1749 bzw. bis 1754) seines Bruders Franz Ludwig – vgl. *Greipl* (wie Anm. 14) –, der also mit 24 Jahren sein Studium beendete, als ungefähren Maßstab, dann müßte er um 1743 die Universität verlassen haben. Zu seinen Studienfächern vgl. auch *Müller* (wie Anm. 1), S. 384: „Besonders befreundete er sich mit Diplomatik, Heraldik, Numismatik, Statistik, Politik, Weltgeschichte, mit allen höheren Staatswissenschaften. Jn geistlichen Sachen weniger mit Exegesis, Dogmatik und Casuistik, als mit Liturgie, geistlicher Beredsamkeit und dem kanonischen Rechte. Die orientalischen Sprachen kannte er blos aus der theologischen Literaturgeschichte, aber dafür qualifizirte er sich einer ciceronischen Beredsamkeit in lateinischer Sprache."

deren Weihen[17] und die Subdiakonatsweihe[18] erhalten hatte, wurde er zunächst 1748 Domkapitular in Bamberg[19] und 1753 dann auch in Mainz; er war nun also stimmberechtigtes Mitglied in zwei Domkapiteln. Im folgenden Jahr wurde er am 14. Mai Rektor der Universität Mainz[20], was er bis zu seiner Wahl zum Erzbischof blieb[21].

1758 ernannte ihn Erzbischof und Kurfürst Johann Friedrich Carl (1689-1763)[22] zum Hofratspräsidenten[23], ein Amt – es war seit 1675 einem Mitglied des Domkapitels

---

[17] Vgl. dazu *Reiner Kaczynski*, Niedere Weihen, in: LThK (wie Anm. 1), Bd. 7, Freiburg / Basel / Rom / Wien ³1998, Sp. 819; zu den verschiedenen Weihegraden der katholischen Kirche vgl. *Johann Hirnsperger*, Weihestufen, in: LThK, Bd. 10 (wie Anm. 10), Sp. 1015-1016.

[18] Die Subdiakonatsweihe war die erste Stufe der höheren Weihen der katholischen Kirche; vgl. *Hans-Jürgen Feulner*, Subdiakon, Subdiakonat, in: LThK (wie Anm. 1), Bd. 9, Freiburg / Basel / Rom / Wien ³2000, Sp. 1068. Dieser Weihegrad war eigentlich schon für Domizellare vorgeschrieben, wohingegen Kapitulare bereits die Diakonatsweihe empfangen haben sollten; vgl. *May*, Ämter (wie Anm. 12), S. 490.

[19] Das wurde er am 11. April 1748 und blieb es, auch über seine Wahl zum Erzbischof von Mainz hinaus, bis zu seinem Tod, zuletzt als Senior des Bamberger Domkapitels; ein Wohltäter Bambergs, „da außer mehreren großen Summen bei Lebzeiten auch aus seinem Nachlaß noch 12984 fl. dem neuen Krankenhause zuflossen"; vgl. *Wachter* (wie Anm. 11), S. 113 f., Zitat S. 114. Bei *Jürgensmeier*, Reichsfreiherr von Erthal (wie Anm. 1), S. 95, statt 1748 fälschlicherweise 1749 angegeben, richtig hingegen *ders.*, Erthal, Kurfürst (wie Anm. 1), Sp. 836, sowie *Christ, F. K. J. von und zu Erthal* (wie Anm. 2), S. 185.

[20] Vgl. Chur-Mayntzischer Stands- und Staats-Schematismus, Aller des Hohen Ertz-Stiffts Geist- und Weltlicher auch Civil-Angehörigen, Dicasterien mit deren Sessionen, Ferien, Ober- und Aembter, auch Kellereyen &c. jeder mit gehörigem Prædicat, in Alphabetischer Ordnung; Sambt einem vorhergehenden Calender, Auf das Jahr nach Christi Geburt 1755. [...], Mainz o. J. [1754], S. 14 („*Rector Magnificentissimus* der uralten Universität zu Mayntz 1754. den 14. *May*") u. 75. Das genaue Datum auch bei *Leser* (wie Anm. 1), S. 552, das richtige Jahr bei *Hofmann* (wie Anm. 1), Sp. 774. Falsche Jahresangaben – 1757 – bei *Jürgensmeier*, Reichsfreiherr von Erthal (wie Anm. 1), S. 96, sowie *ders.*, Erthal, Kurfürst (wie Anm. 1), Sp. 836, und – 1764 – bei *Raab*, Erthal (wie Anm. 1), 517, *Christ, F. K. J. von und zu Erthal* (wie Anm. 2), S. 185, sowie *Aretin*, Erthal (wie Anm. 1), S. 77 f.

[21] Als Rektor der Universität Mainz in allen Staatskalendern seit 1755 (vgl. Anm. 20) bezeichnet, zuletzt: Kurmainzischer Hof- und Staats-Kalender, Auf das Jahr MDCCLXXIV. Mit einem vollständigen Verzeichniße des Erzhohen Domkapitels, Auch aller, zum kurfürstl. Hofe und Kurstate gehörigen Dikasterien, Gerichtsstellen und Aemter, Mainz o. J. [1773], S. 3 („*Rector magnificentissimus* der uralten Universität zu Mainz 1754 den 14. *May*") u. 137; vgl. Churmainzischer Hof- und Staats-Kalender, Auf das Jahr MDCCLXXV. Mit einem vollständigen Verzeichniße des Erzhohen Domkapitels, Auch aller, zum churfürstl. Hof- und Churstate gehörigen Dicasterien, Gerichtsstellen, und Aemter, Mainz o. J. [1774], S. 159: „Churfürstl. Mainzische Universität. *Rector Magnificus. Vacat.*" Bei *Jürgensmeier*, Reichsfreiherr von Erthal (wie Anm. 1), S. 96, sowie *ders.*, Erthal, Kurfürst (Anm. 1), Sp. 836, Rektoratszeit als 1763 endend angegeben.

[22] Zu diesem, der dem seit 1712 gräflichen Geschlecht Ostein angehörte, 1743-1763 Erzbischof von Mainz und Kurfürst des Reiches sowie 1756-1763 Fürstbischof von Worms, vgl. *Friedhelm Jürgensmeier*, Johann Friedrich Karl (seit 1712 Reichsgraf) von Ostein, in: Gatz (wie Anm. 1), S. 331-334.

[23] Vgl. Chur-Maynzischer Hof- Staats- und Stands-Calender, Auf das Jahr Nach unsers HErrn und Heylands Jesu Christi Gnaden-reichen Geburt MDCCLIX, So ein ordinari Jahr von 365. Täg ist. Darinnen zu lesen Alle Andachten und Gebett-Stunden in- und außerhalb Maynz; Sowohl die alltäglichen 12.stündigen in Maynz, als die ewigen Gebetts im ganzen hohen Erz-Stift. Jtem Schema Eines Erz-hohen Dhom-Capituls Auch aller zu den hohen Erz-Stifts geist- und weltlichen angehörigen Dicasterien und Stellen Mit deren Sessionen, Ferien, Vicedom- Ober- und Aemter und Kellereyen, jeder mit gehörigem Prædicat Jn Alphabetischer Ordnung, Mainz o. J. [1758], S. 4 u. 55; das richtige Jahr der Ernennung auch bei *Leser* (wie Anm. 1), S. 552, *Raab*, Erthal (wie Anm. 1), S. 517, *Hofmann* (wie Anm. 1), Sp. 774, *Christ, F. K. J. von und zu Erthal* (wie Anm. 2), S. 185, *Aretin*, Erthal (wie Anm. 1), S. 78, sowie *Debus* (wie Anm. 1), S. 404, falsches Jahr (1764) bei *Jürgensmeier*, Reichsfreiherr von Erthal (wie Anm. 1), S. 96, sowie *ders.*, Erthal, Kurfürst (wie Anm. 1), Sp. 836, das richtige und ein falsches (1761) Jahr zur Auswahl bei *Bernd Blisch*, Zur Reichspolitik des Mainzer Kurfürsten und Erzkanzlers Friedrich Carl Josephs von Erthal, in: Peter Claus Hartmann (Hrsg.), Der Mainzer Kurfürst als Reichserzkanzler. Funktionen, Aktivitäten, Ansprüche und Bedeutung des zweiten Mannes im alten Reich (Geschichtliche Landeskunde. Veröffentlichungen des Instituts für geschichtliche Landeskunde an der Universität Mainz, Bd. 45), Stuttgart 1997, S. 157-169, dies S. 160.

Nach einem 1786 entstandenen Gemälde von Georg Anton Abraham Urlaub (1744-1788) aufgrund einer Zeichnung von Johann Friedrich Beer (1741-1804) 1791 von Friedrich Ludwig Neubauer (1767-1828) angefertigter Kupferstich; Vorlage: Stadt- und Stiftsarchiv Aschaffenburg, Graphische Sammlung. Zu diesen Künstlern vgl. *Dankmar Trier*, Johann Friedrich Beer, in: Saur – Allgemeines Künstlerlexikon. Die Bildenden Künstler aller Zeiten und Völker, Bd. 8, München / Leipzig 1994, S. 248, *W[alter] K[arl] Zülch*, Friedrich Ludwig Neubauer, in: Allgemeines Lexikon der bildenden Künstler von der Antike bis zur Gegenwart, begr. v. Ulrich Thieme u. Felix Becker, Bd. 25, hrsg. v. Hans Vollmer, Leipzig 1931, S. 401, sowie *Fritz Tr. Schulz*, Georg Anton Abraham Urlaub, in: ebd., Bd. 33, hrsg. v. Hans Vollmer, Leipzig 1939, S. 596.

vorbehalten[24] –, das er behielt, bis er dessen übernächster Nachfolger wurde[25]. Somit leitete Friedrich Carl Joseph Freiherr von Erthal den hauptsächlich für die innere Landesverwaltung zuständigen und auch Regierung genannten Hofrat[26]; daneben und ebenso lange war er Mitglied von drei Ausschüssen, nämlich der Konferenzen für Handels-, Militär- und Almosenwesen[27].

Nachdem er bereits 1745 als Beauftragter des Erzbischofs und Kurfürsten Johann Friedrich Carl in diplomatischer Mission in Prag gewesen war[28] und 1757 für kurze Zeit sowie ab 1759 für länger die beiden Hochstifte Bamberg und Würzburg gleichzeitig am Mainzer Hof vertreten hatte[29], wurde er 1764 von Erzbischof und Kurfürst Emmerich Joseph (1707-1774)[30] zum Ersten Wahlbotschafter zur Vorbereitung der Wahl des künftigen Kaisers Joseph II. (1741-1790)[31] zum römisch-deutschen König in Frankfurt am Main bestimmt[32]. Über Erthals damaliges Erscheinungsbild schrieb fast ein halbes Jahrhundert später Johann Wolfgang von Goethe (1749-1832)[33] in

---

[24] Zur Entwicklung, die dazu geführt hatte, vgl. *Hans Goldschmidt*, Zentralbehörden und Beamtentum im Kurfürstentum Mainz vom 16. bis zum 18. Jahrhundert (Abhandlungen zur Mittleren und Neueren Geschichte, Heft 7), Berlin / Leipzig 1908, S. 49 f., sowie *Günter Christ*, Erzstift und Territorium Mainz, in: Jürgensmeier, Handbuch (wie Anm. 12), S. 15-444 u. 593-612, dies S. 22 f.

[25] Vgl. Hof- und Staats-Kalender 1774 (wie Anm. 21), S. 3 u. 99.

[26] Zur Geschichte des Hofrates vgl. *Goldschmidt* (wie Anm. 24), S. 70-93, sowie *Christ*, Erzstift (wie Anm. 24), S. 21-24; zu dessen Zusammensetzung am Beginn und am Ende von Erthals Tätigkeit als Hofratspräsident vgl. Hof- Staats- und Stands-Calender 1759 (wie Anm. 23), S. 55-61, sowie Hof- und Staats-Kalender 1774 (wie Anm. 21), S. 99-109.

[27] Zur Geschichte dieser auch Deputationen genannten Konferenzen vgl. *Goldschmidt* (wie Anm. 24), S. 75-81; zu ihrer Zusammensetzung am Beginn und am Ende von Erthals Tätigkeit als Hofratspräsident vgl. Hof- Staats- und Stands-Calender 1759 (wie Anm. 23), S. 49 f. („Churfürstl. Maynzische *Commercien-Conferenz.*"), 61 f. („Churfürstl. Maynzische Kriegs-*Conferenz.*") u. 72 f. („Churfürstl. zum Besten des Allmosen-Weesen *depudi*rte *Conferenz.*"), sowie Hof- und Staats-Kalender 1774 (wie Anm. 21), S. 87 f. („Kurfürstliche Mainzische Kommerz-Konferenz."), 110 f. („Kurfürstl. Mainzische Kriegs-Konferenz.") u. 131 f. („Kurfürstliche zum Besten des Allmosenwesen deputirte Konferenz.").

[28] Vgl. *Müller* (wie Anm. 1), S. 384.

[29] Vgl. Repertorium der diplomatischen Vertreter aller Länder seit dem Westfälischen Frieden (1648), Bd. 2: (1716-1763), hrsg. v. Friedrich Hausmann, Zürich 1950, S. 7 u. 425: 1757 stammte sein Beglaubigungsschreiben (Kreditiv) vom 23. Mai und sein Rekreditiv vom 31. Mai, auf sein weiteres Beglaubigungsschreiben vom 1. April 1759 ist kein Rekreditiv bekannt, das Beglaubigungsschreiben für den ihm nachfolgenden Vertreter des Hochstiftes Würzburg stammte vom 14. Juli 1763 und das für jenes Hochstiftes Bamberg vom 22. September 1763.

[30] Zu diesem, der dem freiherrlichen Geschlecht Breidbach-Bürresheim angehörte, 1763-1774 Erzbischof von Mainz und Kurfürst des Reiches sowie 1768-1774 Fürstbischof von Worms, vgl. *Friedhelm Jürgensmeier*, Emmerich Joseph Reichsfreiherr von Breidbach zu Bürresheim, in: Gatz (wie Anm. 1), S. 42-44.

[31] Zu diesem, 1765-1790 römisch-deutscher Kaiser, vgl. *Hans Wagner*, Joseph II., Kaiser (seit 1765), in: NDB (wie Anm. 1), Bd. 10, Berlin 1974, S. 617-622, *Ernst Wangermann*, Josef II., Kaiser, König von Böhmen und Ungarn, in: Hamann (wie Anm. 6), S. 187-190, sowie *Peter Baumgart*, Joseph II. und Maria Theresia 1765-1790, in: Schindling u. Ziegler (wie Anm. 6), S. 249-276 u. 490-491.

[32] Seine Vollmacht – er war der erste von drei Wahlbotschaftern des Erzbischofs von Mainz – für den der Wahl vorausgehenden Kurfürstentag stammte vom 3. Januar, am 7. Januar traf er in Frankfurt ein, seine Vollmacht für die am 27. März stattfindende Wahl stammte vom 22. Februar 1764; vgl. Repertorium (wie Anm. 29), Bd. 3: 1764-1815, hrsg. v. Otto Friedrich Winter, Graz / Köln 1965, S. 238.

[33] Zu diesem, Dichter, Naturforscher und Staatsmann, vgl. *Wilhelm Flitner*, Johann Wolfgang v. (Reichsadel 1782) Goethe, Dichter, in: NDB (wie Anm. 1), Bd. 6, Berlin 1964, S. 546-575, *Karl Otto Conrady*, Goethe. Leben und Werk, München / Zürich 1994, sowie *Dorothea Hölscher-Lohmeyer*, Johann Wolfgang von Goethe, Dichter, Staatsmann, Naturforscher, in: Deutsche Biographische Enzyklopädie, Bd. 4, hrsg. v. Walther Killy u. Rudolf Vierhaus, Darmstadt 1996, S. 64-66.

seinem autobiographischen Werk „Aus meinem Leben. Dichtung und Wahrheit"[34]: „Die Persönlichkeiten der Abgeordneten, welche auf mich einen bleibenden Eindruck gemacht haben, waren zunächst die des kurmainzischen Ersten Botschafters, Barons von Erthal, nachmaligen Kurfürsten. Ohne irgend etwas Auffallendes in der Gestalt zu haben, wollte er mir in seinem schwarzen, mit Spitzen besetzten Talar immer gar wohl gefallen."

Mehr als vier Jahre nach seinem Aufenthalt in Frankfurt wurde Erthal am 16. November 1768 von Erzbischof Emmerich Joseph zum Domkustos ernannt[35] und war somit für den Mainzer Dom und dessen Inventar zuständig[36], außerdem wurde er am 12. Juni 1770, zu einem Zeitpunkt, als er sich bereits mehrere Monate in Wien aufhielt, Domscholaster in Bamberg[37], wodurch er Leiter der dortigen Domschule und des kirchlichen Schulwesens wurde[38]. Nach Wien war er zuerst im Spätherbst 1769 – vier Jahre nach der Thronbesteigung Josephs II.[39] – zum Lehensempfang im Auftrag des Erzbischofs und Kurfürsten gereist[40], und am 31. Dezember ernannte dieser ihn zum dortigen mainzischen Gesandten, was er bis zum 3. Juli 1773 blieb[41]. Erthals Hauptaufgabe am Kaiserhof bestand darin, die Reichshofkanzlei[42], für die der

---

[34] *[Johann Wolfgang von] Goethe*, Poetische Werke. Autobiographische Schriften I: Aus meinem Leben. Dichtung und Wahrheit, bearb. v. Hans-Heinrich Reuter, Annemarie Noelle u. Gerhard Seidel (Goethe – Berliner Ausgabe, Bd. 13), Berlin / Weimar 1971, S. 197; der erste Teil, in dem sich der Bericht über Kurfürstentum und Wahl befindet, wurde von Goethe am 21. Mai 1811 abgeschlossen und lag am 26. Oktober 1811 gedruckt vor; vgl. ebd., S. 939 (Anmerkungsteil).

[35] Vgl. Chur-Maynzischer Hof- Staats- und Stands-Calender, Auf das Jahr Nach unsers HErrn und Heilands Jesu Christi Gnaden-reichen Geburt MDCCLXIX So ein Jahr von 365. Tägen und 6. Stunden ist. Darinnen zu lesen Alle Andachten und Gebet-Stunden in- und ausserhalb Maynz; sowohl des alltäglichen 12.stündigen in Maynz, als des ewigen Gebets im ganzen hohen Erzstift; Jtem Schema Eines hohen Erz- Dhom-Capituls, Auch aller des hohen Erzstifts geist- und weltlichen angehörigen Dicasterien und Stellen, Mit denen Sessionen, Ferien, Vicedom, Ober- und Aemter, und Kellereyen, jeder mit gehörigem Prædicat. Jn Alphabetischer Ordnung, Mainz o. J. [1768], S. 2, sowie Hof- und Staats-Kalender 1774 (wie Anm. 21), S. 3; vgl. außerdem *Kittel* (wie Anm. 1), S. 198, *Leser* (wie Anm. 1), S. 552 (als einziger außer den Staatskalendern mit genauem Datum), *Raab*, Erthal (wie Anm. 1), S. 517, *Aretin*, Erthal (wie Anm. 1), S. 79, *Christ*, F. K. J. von und zu Erthal (wie Anm. 2), S. 185, *Jürgensmeier*, Reichsfreiherr von Erthal (wie Anm. 1), S. 96, *Blisch* (wie Anm. 23), S. 160, falsche Jahreszahl (1769) bei *Jürgensmeier*, Erthal, Kurfürst (wie Anm. 1), Sp. 836.

[36] Die eigentlichen Aufgaben des Domkustos, der seit 1189 zugleich Propst des St. Johannesstifts in Mainz war, wurden von einem Subkustos wahrgenommen; vgl. *May*, Ämter (wie Anm. 12), S. 492.

[37] Vgl. *Wachter* (wie Anm. 11), S. 113 (nur hier das genaue Datum), *Jürgensmeier*, Reichsfreiherr von Erthal (wie Anm. 1), S. 96, sowie *ders.*, Erthal, Kurfürst (wie Anm. 1), Sp. 836.

[38] Vgl. *Johann Hirnsperger*, Domscholaster, in: LThK, Bd. 3 (wie Anm. 1), Sp. 330.

[39] Joseph II. war am 18. August 1765, dem Todestag seines Vaters, Kaiser geworden; vgl. *Baumgart* (wie Anm. 31), S. 256 u. 276.

[40] Seine Ernennung für diesen Auftrag hatte jedenfalls vor dem 11. Dezember 1769 stattgefunden; vgl. Repertorium, Bd. 3 (wie Anm. 32), S. 236. Jeweils durch den Tod eines Kaisers, des Lehnsherrn, oder des Erzbischofs, des Lehnsmannes, wurde das Lehnsverhältnis beendet und mußte erneuert werden, indem der Lehninhaber, seit dem 16. Jahrhundert gewöhnlich durch Gesandte, um Neubelehnung nachsuchten; vgl. *Karl-Heinz Spieß*, Lehn(s)recht, Lehnswesen, in: Handwörterbuch zur deutschen Rechtsgeschichte, hrsg. v. Adalbert Erler u. Ekkehard Kaufmann (künftig: HRG), Bd. 2, Berlin 1978, Sp. 1725-1741, bes. Sp. 1736 f.

[41] Erthals Instruktion und Beglaubigungsschreiben stammten vom 31. Dezember 1769, sein Rekreditiv vom 3. Juli 1773; vgl. Repertorium, Bd. 3 (wie Anm. 32), S. 236.

[42] Der 1558 erstmals erwähnten Reichshofkanzlei, die für den Schriftverkehr des Reiches, besonders für die Anfertigung von Protokollen und die Ausfertigung von Urkunden, zuständig war, stand der Erzkanzler, also der Erzbischof von Mainz, vor, wurde aber vom Reichsvizekanzler in der täglichen Arbeit vertreten; vgl. *B[ernd]-R[üdiger] Kern*, Reichshofkanzlei, in: HRG (wie Anm. 40), Bd. 4, Berlin 1990, Sp. 626-630, sowie *Rudolf Hoke*, Reichskanzlei, in: ebd., Sp. 662-667, dies Sp. 662 ff.

Erzbischof von Mainz in seiner Eigenschaft als Erzkanzler[43] zuständig war, neu zu ordnen und sich gegen Eingriffe Kaiser Josephs II. in deren Geschäftsgang zu verwahren[44].

Als Erzbischof und Kurfürst Emmerich Joseph unerwartet am 11. Juni 1774 starb, übernahm zunächst das Domkapitel, dem allein die Wahl eines Nachfolgers oblag[45], die gesamten Regierungsgeschäfte[46] und vollzog eine konservative Wende gegenüber der von ihm zuletzt heftig bekämpften, betont aufklärerischen – vor allem im Schulwesens und hinsichtlich der Haltung gegenüber den Klöstern – Politik des Verstorbenen[47]. In dieser Situation war von Anfang an Domkustos und Hofratspräsident Friedrich Carl Joseph Freiherr von Erthal der geeignete Kandidat, um zwischen konservativer und aufklärerischer Richtung zu vermitteln, außerdem wurde er allgemein als befähigt für das Amt des Erzbischofs angesehen[48], denn schließlich hatte er „sich an den wichtigsten Stellen [...] eine grosse Menschen- und Geschäftekenntniß gesammelt"[49]. Bereits einen Tag nach dem Tod Emmerich Josephs hatte Erthal die Stimmen von zwölf Domkapitularen sicher[50], und spätestens am 16. Juni konnte er seine bevorstehende Wahl als gewiß nach Wien melden[51]. Diese Wahl fand dann am 18. Juli statt, und am 26. Juli wurde Erthal auch zum Fürstbischof von Worms gewählt. Am 11. September wurde er zum Priester und, nach der päpstlichen Bestätigung der beiden Wahlen am 13. März des folgenden Jahres, schließlich am 14. Mai 1775 zum Bischof geweiht[52].

---

[43] Der jeweilige Erzbischof von Mainz gehörte zu den Kurfürsten des Reiches, und jeder Kurfürst bekleidete ein Erzamt; die drei geistlichen Kurfürsten, also die Erzbischöfe von Mainz, Köln und Trier, waren Erzkanzler, und zwar für Deutschland, Italien bzw. Gallien (archicancellarius sacri imperii per Germaniam, per Italiam bzw. per Galliam et regnum Arelatense), wobei das Erzkanzleramt für Deutschland, also das Reichserzkanzleramt, das bedeutendste war; vgl. A[dolf] Laufs, Erzämter, in: HRG (wie Anm. 40), Bd. 1, Berlin 1971, Sp. 1011-1015, zu den Ursprüngen des letzteren vgl. Johannes Bärmann, Zur Entstehung des Mainzer Erzkanzleramtes, in: Zeitschrift der Savigny-Stiftung für Rechtsgeschichte, Germanistische Abteilung 75 (1958), S. 1-92.

[44] Vgl. dazu Blisch (wie Anm. 23), S. 160 f.

[45] Vgl. May, Ämter (wie Anm. 12), S. 572 f.: „Das Wahlrecht lag weiter beim Domkapitel. [...] Seit dem 16. Jahrhundert ist keine päpstliche Provision mehr für den Mainzer Stuhl ergangen. Nach der Wahl wurde der Informativprozeß über den Gewählten durchgeführt, normalerweise vor dem Nuntius. Bei positivem Ergebnis erging die päpstliche Bestätigung."

[46] Vgl. Heribert Raab, Das Mainzer Interregnum von 1774. Mit einem Anhang unveröffentlichter Briefe von K. J. H. Kolborn an Franz Conrad v. Stadion-Warthausen, in: Archiv für mittelrheinische Kirchengeschichte (künftig: AmrhKG) 14 (1962), S. 168-193, dies S. 173.

[47] Zu den Konflikten zwischen Emmerich Joseph und dem Domkapitel sowie für die Zeit nach dem Tod des Erzbischofs bis zur Wahl Erthals vgl. ebd., S. 168 f. u. 174-182, sowie T. C. W. Blanning, Reform and Revolution in Mainz 1743-1803, London / New York 1974, S. 126-162.

[48] Vgl. Raab, Interregnum (wie Anm. 46), S. 175, sowie Blisch (wie Anm. 23), S. 160

[49] [Johann Kaspar Riesbeck], Briefe eines Reisenden Franzosen über Deutschland An seinen Bruder zu Paris. Uebersetzt von K. R., Bd. 2, o. O. [Zürich] 1783 – 64. Brief = S. 426-449 –, S. 432.

[50] Vgl. Raab, Interregnum (wie Anm. 46), S. 176 u. 182.

[51] Vgl. Blanning (wie Anm. 47), S. 147 f. Im Gegensatz zu den abfälligen Äußerungen über die Wahl Erthals bei Müller (wie Anm. 1), S. 393 f., dürfte Blisch (wie Anm. 23), S. 160, zuzustimmen sein, daß dabei „nicht länger nur die familiären Voraussetzungen zählten, sondern ‚Leistung'", denn: „Untersucht man allerdings die Wahl Erthals auf Versippung mit dem übrigen Stiftsadel, hält seine Familie einen ausgeprägten Negativrekord. Friedrich Carl Joseph von Erthal konnte eben nicht auf eine starke Verwandtschaft oder Klientel im Kapitel bauen. Zum ersten Mal, so scheint es, wählte das Domkapitel jemanden, der schon als Kapitular von sich reden gemacht hatte und bei dem man wußte, woran man war".

[52] Vgl. Raab, Erthal (wie Anm. 1), S. 517, Friedhelm Jürgensmeier, Das Bistum Mainz. Von der Römerzeit bis zum II. Vatikanischen Konzil (Beiträge zur Mainzer Kirchengeschichte, Bd. 2), Frankfurt am Main ²1989, S. 251, sowie ders., Reichsfreiherr von Erthal (wie Anm. 1), S. 96 f.

Vor allen in den ersten beiden Jahren nach seiner Wahl betrieb Erzbischof und Kurfürst Friedrich Carl Joseph eine gemäßigt konservative Politik, doch dann verfolgte er, wenngleich nicht so ausgeprägt wie sein Vorgänger, ebenfalls einen aufklärerischen Kurs[53]. Der in Höchst am Main geborene Johann Kaspar Riesbeck (1754-1786)[54], der bis 1775 vergeblich versucht hatte, in mainzische Dienste zu gelangen, bewertete 1783, damals in Aarau lebend, diesen Regierungsstil folgendermaßen[55]: „Unter der vorigen Regierung trieb man die Freyheit zu denken und zu schreiben beynahe zur Ausschweifung, und obschon der jetzige Kurfürst die Segel etwas mehr eingezogen hat, so lavirt er doch gradeweges der Philosophie entgegen. [...] Das Schiksal seines Vorfahrers, der durch seinen zu heftigen Reformationseifer Priester und Leviten gegen sich in Harnisch brachte, mußte ihn ein wenig behutsamer machen [...]. Man kann es also der jetzigen Regierung nicht verargen, wenn sie nicht gradezu mit allem Nachdruk nach ihrer Ueberzeugung handelt. Jch sage nach ihrer Ueberzeugung, denn zuverläßig fehlt es hier an der politischen Theorie nicht."

Die Reformen betrafen u. a. die Lehrerausbildung, das Schulwesen, die Aufsicht über das Vermögen der Klöster, das Armen- und Fürsorgewesen, die Einschränkung von Wallfahrten und Prozessionen[56] sowie die Staatsverwaltung[57]. Eine grundlegende Erneuerung erfuhr auch die Universität Mainz[58], der Erzbischof und Kurfürst Friedrich Carl Joseph durch das Vermögen von drei Klöstern, die er mit päpstlicher und kaiserlicher Genehmigung 1781 aufheben ließ[59], eine bessere finanzielle Ausstattung gab, so daß sie 1784 mit einer zeitgemäßen Verfassung wiedereröffnet wurde und damals neben Göttingen die modernste Universität Deutschlands war, an der nicht nur Katholiken, sondern auch Evangelische und Juden promoviert werden konnten[60]. Riesbeck bemerkte über die damalige Bildungspolitik im Erzstift Mainz[61]: „Der jetztregierende Fürst, welcher den Grund zum Gebäude der Volkserziehung gelegt fand, sucht es, wiewohl in einem etwas abgeänderten Stil auszuführen, strengt aber

---

[53] Vgl. dazu insgesamt *Blanning* (wie Anm. 47), S. 163-209, sowie *Jürgensmeier*, Bistum (wie Anm. 52), S. 251-254.

[54] Zu diesem vgl. *Rudolf Schäfer*, Johann Kaspar Riesbeck, der „reisende Franzose" aus Höchst. Sein Leben, sein Werk, seine Zeit (Höchster Geschichtshefte, Heft 1a), Frankfurt am Main ²1971, sowie *Anke Hees*, Johann Kaspar Riesbeck, in: Deutsches Literatur-Lexikon. Biographisch-bibliographisches Handbuch, begr. v. Wilhelm Kosch, Ergänzungsbd. 6, hrsg. v. Hubert Herkommer u. Carl Ludwig Lang, Bern / München ³1999, Sp. 559.

[55] *Riesbeck* (wie Anm. 49), Bd. 2, S. 431 f.

[56] Vgl. *Jürgensmeier*, Bistum (wie Anm. 52), S. 252 f., sowie *Riesbeck* (wie Anm. 49), Bd. 2, S. 441: „Schon seit langer Zeit verfolgt man hier den Aberglauben bis in seine verborgensten Schlupfwinkel, und wenn man gleich die Wunderbilder und Wahlfahrten noch nicht ganz abstellen konnte, so kann es doch kein hiesiger Prediger ungeahndet wagen, einen Exorzismus zu machen, oder so groben Unsinn zu predigen, als man noch auf vielen Kanzeln andrer deutschen Länder zu hören gewohnt ist."

[57] Vgl. *Goldschmidt* (wie Anm. 24), S. 82-88, sowie *Christ*, Erzstift (wie Anm. 24), S. 59 f. Zur Reform der Staatsverwaltung gehörte auch die statistische Erfassung; vgl. *Christ*, Erzstift, S. 62.

[58] Vgl. dazu *Helmut Mathy*, Die Universität Mainz 1477-1977, Mainz 1977, S. 117-166, *Eckhart Pick*, Mainzer Reichsstaatsrecht. Inhalt und Methode. Ein Beitrag zum Ius Publicum an der Universität Mainz im 18. Jahrhundert (Recht und Geschichte, Bd. 7), Wiesbaden 1977, S. 73-83, *ders.*, Aufklärung und Erneuerung des juristischen Studiums. Verfassung, Studium und Reform in Dokumenten am Beispiel der Mainzer Fakultät gegen Ende des Ancien régime (Historische Forschungen, Bd. 24), Berlin 1983, S. 38-42 u. 77-80, sowie *Aretin*, Erthal (wie Anm. 1), S. 80.

[59] Vgl. *Mathy*, Universität (wie Anm. 58), S. 136, sowie *Jürgensmeier*, Bistum (wie Anm. 52), S. 253.

[60] Vgl. *Mathy*, Universität (wie Anm. 58), S. 152, sowie *Pick*, Reichsstaatsrecht (wie Anm. 58), S. 89 f.

[61] *Riesbeck* (wie Anm. 49), Bd. 2, S. 443.

seine Bemühungen hauptsächlich zur Beförderung der höhern Erziehung und zur Aufnahme der Wissenschaften und Künste an."

Als Reichsfürst stand Erzbischof und Kurfürst Friedrich Carl Joseph in den ersten Jahren uneingeschränkt auf der Seite des Kaisers, doch aufgrund der Politik Josephs II. kam es ab 1780 zunehmend zur Entfremdung, was schließlich dazu führte, daß er am 18. Oktober 1785 dem von Preußen geführten Fürstenbund beitrat[62]. Da das Mainzer Domkapitel diesen Schritt nicht mitgetragen hatte, wurde Friedrich Carl Joseph in einem diplomatischen Ränkespiel von kaiserlicher und preußischer Seite genötigt, sich einen Coadjutor, der sein Nachfolger werden sollte, wählen zu lassen; Preußen war in dieser Angelegenheit zunächst erfolgreich, indem der Coadjutor dem Fürstenbund beitrat[63]. Mit der Krönung Leopolds II. (1747-1792)[64] zum Kaiser, die Erzbischof und Kurfürst Friedrich Carl Joseph am 9. Oktober 1790 in Frankfurt am Main vollzog, kam es wieder zu einer Annäherung zwischen ihm und dem Kaiserhof in Wien. Dieses scheinbar unsichere Schwanken zwischen zwei Polen hatte für ihn durchaus eine innere Logik, denn der Erzbischof von Mainz schloß sich jeweils der Seite an, von der er am ehesten die Wahrung seiner Rechte als Erzkanzler erwarten konnte[65].

Nach dem frühen Tod Leopolds II. krönte Friedrich Carl Joseph am 14. Juli 1792 auch dessen Sohn Franz II.[66], den letzten römisch-deutschen Kaiser. Der anschließend in Mainz vom 19. bis zum 22. Juli stattfindende Fürstenkongreß war das letzte große Fest, das in der Hauptresidenz des Erzstiftes gefeiert wurde[67], denn am 21. Oktober, der Landesherr hielt sich damals in Aschaffenburg auf, kapitulierte Mainz vor den französischen Belagerern[68]. Diese mußten am 23. Juli 1793 ebenfalls abziehen[69], worauf die mainzische Regierung am 27. Juli zurückkehrte; der Erzbischof und Kurfürst folgte am 9. September, von der Bevölkerung jubelnd begrüßt, blieb aber nur wenige Tage und besuchte Mainz später nur noch dreimal, ehe die Stadt am 30. Dezember 1797 für mehr als anderthalb Jahrzehnte französisch wurde[70].

Erzbischof und Kurfürst Friedrich Carl Joseph hielt sich seit 1794 mit seinem Hof meistens in Aschaffenburg auf, das er vom Beginn seiner Regierungszeit an weiter zu

---

[62] Vgl. *Aretin*, Erthal (wie Anm. 1), S. 81 ff., *Blisch* (wie Anm. 23), S. 161, sowie *Karl Otmar von [Freiherr] Aretin*, Das Alte Reich 1648-1806, Bd. 3: Das Reich und der österreichisch-preußische Dualismus (1745-1806), Stuttgart 1997, S. 267-270, 276 ff. u. 585-588.
[63] Vgl. *Aretin*, Reich (wie Anm. 62), Bd. 3, S. 333-344 u. 598 ff.
[64] Zu diesem, 1790-1792 römisch-deutscher Kaiser, vgl. *Adam Wandruszka*, Leopold II., Kaiser (seit 1790), Großherzog von Toskana (1765-1791, als Pietro Leopoldo bzw. Leopoldo I.), in: NDB (wie Anm. 1), Bd. 14, Berlin 1985, S. 260-266, *ders.*, Leopold II., Kaiser, Großherzog von Toskana, in: Hamann (wie Anm. 6), S. 255-260, sowie *Lorenz Mikoletzky*, Leopold II. 1790-1792, in: Schindling u. Ziegler (wie Anm. 6), S. 277-287 u. 491-492.
[65] Vgl. *Blisch* (wie Anm. 23), S. 161 ff., bes. S. 161.
[66] Zu diesem vgl. Anm. 8.
[67] Vgl. *Helmut Mathy*, Die Residenz in Barock und Aufklärung (1648-1792), in: Franz Dumont, Ferdinand Scherf u. Friedrich Schütz (Hrsg.), Mainz. Die Geschichte der Stadt, Mainz ²1999, S. 269-314, dies S. 306 u. 308-312.
[68] Vgl. *Franz Dumont*, Mayence. Das französische Mainz (1792/98-1814), in: ders., Scherf u. Schütz (wie Anm. 67), S. 319-374, dies S. 322.
[69] Ebd., S. 341.
[70] Ebd., S. 345 ff.

einer Residenz hatte ausbauen lassen⁷¹. Von hier aus bewarb er sich nach dem am 14. Februar 1795 erfolgten Tod seines Bruders Franz Ludwig⁷², der seit 1779 Fürstbischof von Bamberg und Würzburg gewesen war, vergeblich um dessen Nachfolge in Bamberg⁷³, wo er selbst noch Domherr war. In seinen letzten Jahren mußte er noch erleben, wie die politischen Gegebenheiten das Ende des Erzstiftes Mainz vorbereiteten⁷⁴, aber andererseits sah er auch, daß er trotz allem den Erzkanzlerstaat für eine gewisse Zeit gerettet hatte⁷⁵. Er starb am 25. Juli 1802 in Aschaffenburg und wurde in der Stiftskirche St. Peter und Alexander beigesetzt.

Das Urteil über Friedrich Carl Joseph Freiherr von Erthal, den letzten noch am alten Kathedralort residierenden Erzbischof von Mainz, ist häufig negativ ausgefallen – oft ist von Eitelkeit, Geltungssucht und Ehrgeiz die Rede –, und zwar sowohl von Zeitgenossen⁷⁶ als auch in der historiographischen Literatur⁷⁷. Wie auch immer das Urteil über seinen Charakter lautet – er war auf jeden Fall ein würdiger Erzbischof, Kurfürst und Inhaber des Erzkanzleramtes⁷⁸.

---

[71] Vgl. *Günter Christ*, Die Mainzer Erzbischöfe und Aschaffenburg – Überlegungen zum Residenzproblem, in: AmrhKG (wie Anm. 46) 45 (1993), S. 83-113, dies S. 111 f.

[72] Vgl. Anm. 14.

[73] Zur Bischofswahl in Bamberg am 7. April 1795 vgl. *Hans Joachim Berbig*, Das kaiserliche Hochstift Bamberg und das Heilige Römische Reich vom Westfälischen Frieden bis zur Säkularisation (Beiträge zur Geschichte der Reichskirche in der Neuzeit, Heft 5), Tl. 1, Wiesbaden 1976, S. 78-99, sowie *Hans-Bernd Spies*, Casanova und die Lande am Main, in: Mitteilungen aus dem Stadt- und Stiftsarchiv Aschaffenburg (künftig: MSSA) 1 (1983-1986), S. 135-144, dies S. 143 f.; zu den Gründen für diese Bewerbung des Erzbischofs und Kurfürsten vgl. *Blisch* (wie Anm. 23), S. 166 f.

[74] Vgl. *Hans-Bernd Spies*, Von Kurmainz zum Königreich Bayern. Änderungen der territorialen und landesherrlichen Verhältnisse im Raum Aschaffenburg 1803-1816, in: MSSA (wie Anm. 73), S. 263-287, dies S. 263-267, sowie *Jürgensmeier*, Bistum (wie Anm. 52), S. 261 ff.

[75] Vgl. *Blisch* (wie Anm. 23), S. 167 f.

[76] Vgl. die angeführten zeitgenössischen Aussagen bei *Müller* (wie Anm. 1), S. 392, *Liselotte Vezin*, Die Politik des Mainzer Kurfürsten Friedrich Karl von Erthal vom Beginn der französischen Revolution bis zum Falle von Mainz 1789-1792, Dillingen 1932, S. 11 f., *Karl Otmar Freiherr von Aretin*, Heiliges Römisches Reich 1776-1806. Reichsverfassung und Staatssouveränität (Veröffentlichungen des Instituts für europäische Geschichte – Abt. Universalgeschichte, Bd. 38), Tl. 2: Ausgewählte Aktenstücke, Bibliographie, Register, Wiesbaden 1967, S. 157 u. 160, *Blanning* (wie Anm. 47), S. 163 f., *Günter Christ*, Geistliche Fürsten des ausgehenden 18. Jahrhunderts im Lichte der Wiener Diplomatie, in: Aschaffenburger Jahrbuch für Geschichte, Landeskunde und Kunst des Untermaingebietes 8 (1984), S. 289-310, dies S. 294 f. u. 300, sowie *ders.*, Staat und Gesellschaft im Erzstift Mainz im Zeitalter der Aufklärung, in: AmrhKG (wie Anm. 46), S. 203-242, dies S. 210 f.

[77] Vgl. u. a. *Goldschmidt* (wie Anm. 24), S. 82 u. 88, *Blanning* (wie Anm. 47), S. 163 f. u. 212 f. *Aretin*, Erthal (wie Anm. 1), S. 78 f. u. 93, *Christ*, Staat (wie Anm. 76), S. 209 ff., sowie *Aretin*, Reich (wie Anm. 62), Bd. 3, S. 270 u. 321; zur Begründung der negativen Beurteilung *Blisch* (wie Anm. 23), S. 168 f.

[78] Vgl. *[Elisabeth Ragoni] Princesse de Gonzague*, Lettres de Madame la Princesse de Gonzague sur l'Italie, la France, l'Allemagne et les Beaux-Arts. Nouvelle Édition, Bd. 2, Hamburg 1797 – Brief an Mr de ... à Marseille aus Wilhelmsbad bei Hanau, 2. Oktober 1790 = S. 157-163 –, S. 158: „Je partois alors de Francfort pour aller à Aschaffenbourg, voir l'électeur de Mayence. Outre l'hospitalité la plus aimable, j'ai trouvé dans ce prince de la sensibilité. [...] L'esprit et le goût du souverain en font le séjour le plus brillant et le plus agréable. [...] voilà la cour de cet électeur, qui, comme vous voyez, représente parfaitement le premier électeur de l'empire, et qui, par son ame et son esprit, est bien digne de cette éminente dignité."

Die Königswahlen am Mainzer Hof und Friedrich Carl Joseph Freiherr von Erthal

Zu den bedeutendsten Ereignissen an Fürstenhöfen, und zwar nicht nur an weltlichen, sondern ebenso an geistlichen, gehörten vor allem im 17. und 18. Jahrhundert Feste verschiedener Art[1]. Neben den genau nach Hofzeremoniell begangenen Festen, die die Bedeutung des jeweiligen Fürsten hervorheben sollten[2], gab es auch solche, die wie die als Wirtschaften oder Bauernhochzeiten bezeichneten Kostümfeste davon abwichen, indem die Mitglieder der Hofgesellschaft in Rollen schlüpften, die nicht ihrem jeweiligen Rang entsprachen[3]. Ein derartiges Beispiel am Hof des Erzbischofs von Mainz waren die jährlich stattfindenden Königswahlen, über deren Ursprung nichts bekannt ist, fest steht lediglich, daß der älteste überlieferte Beleg dafür aus dem Jahre 1617 stammt.

Am 12. Januar 1617 wandten sich Registratoren, Protokollisten und sämtliche Kanzleimitarbeiter[4] in Aschaffenburg an ihren zumeist dort residierenden Dienstherren, Erzbischof Johann Schweikard von Mainz (1553-1626)[5], und teilten diesem mit[6], daß

---

[1] Zu Fürstenhöfen und höfischen Festen vgl. zusammenfassend *Ulrich Im Hof*, Das gesellige Jahrhundert. Gesellschaft und Gesellschaften im Zeitalter der Aufklärung, München 1982, S. 21-27, sowie *Richard van Dülmen*, Kultur und Alltag in der Frühen Neuzeit, Bd. 2: Dorf und Stadt 16.-18. Jahrhundert, München 1992, S. 157-173 u. 322-325.

[2] Vgl. *van Dülmen* (wie Anm. 1), S. 157 f.: „Das höfische Fest unterscheidet sich wesentlich von den anderen Festen der frühen Neuzeit [...]. Einmal war es das Fest einer besonderen, sozial abgeschlossenen Gruppe, nämlich des Adels [...]. Dann war das höfische Fest kein Fest der fürstlichen Familie, das zur Verschönerung des Lebens so häufig wie möglich stattfinden sollte, sondern es war wesentlicher Bestandteil eines neuen Herrscherkultes, durch den der seiner politischen Macht entsetzte Adel der Region in eine geschlossene Gesellschaft integriert, diszipliniert und den Fürsten unterstellt wurde; zugleich sollte das Fest Macht und Glanz des Fürsten dem ganzen Volk sinnfällig machen. Da Fürstenmacht und Staatsmacht kaum zu trennen waren, symbolisiert das Fest insofern auch die neue Qualität des Staates. [...] Schließlich unterlag das höfische Fest einem strengen Zeremoniell, das [...] genauestens eingehalten werden mußte. Nichts dem Zufall überlassen, jedes wirre Durcheinander verboten, jede Unordnung verpönt und Ungezügeltheit beim Tanz, beim Essen oder Spielen wurde unterbunden. Der Auftritt des Fürsten, die Stellung seiner Familienmitglieder und des Hofadels waren festgelegt, ihre Rolle im Fest genau umrissen; ebenso klar war der höfische Festkalender."

[3] Vgl. ebd., S. 164 f. u. 325.

[4] Die Kanzlei war für den Schriftverkehr des Landesherrn und seines Hofrates, dem die täglichen Regierungsgeschäfte oblagen, zuständig; vgl. zu beiden Einrichtungen während der damaligen Zeit *Hans Goldschmidt*, Zentralbehörden und Beamtentum im Kurfürstentum Mainz vom 16. bis zum 18. Jahrhundert (Abhandlungen zur Mittleren und Neueren Geschichte, Heft 7), Berlin / Leipzig 1908, S. 28-44.

[5] Zu diesem, der von 1604 bis zu seinem Tod Erzbischof von Mainz und als solcher Kurfürst des Reiches war, vgl. *Friedhelm Jürgensmeier*, Johann Schweikard von Kronberg, in: Erwin Gatz (Hrsg.), Die Bischöfe des Heiligen Römischen Reiches 1448 bis 1648. Ein biographisches Lexikon, Berlin 1996, S. 654-656. Zu seiner Bevorzugung Aschaffenburgs – u. a. wegen der Jagdmöglichkeiten in der Umgebung – als Residenz vor Mainz vgl. *Erwin Hensler*, Verfassung und Verwaltung von Kurmainz um das Jahr 1600. Ein Beitrag zur Verfassungsgeschichte der geistlichen Fürstentümer (Straßburger Beiträge zur neueren Geschichte, Bd. 2, Heft 1), Straßburg 1909, S. 14, *Günter Christ*, Erzstift und Territorium Mainz, in: Friedhelm Jürgensmeier (Hrsg.), Handbuch der Mainzer Kirchengeschichte, Bd. 2: Erzstift und Erzbistum Mainz. Territoriale und kirchliche Strukturen (Beiträge zur Mainzer Kirchengeschichte, Bd. 6,2), Würzburg 1997, S. 15-444 u. 593-612, dies S. 43, sowie *Hans-Bernd Spies*, Reise des Kronprinzen Władysław von Polen durch das Maintal von Wertheim nach Aschaffenburg im August 1624, in: Mitteilungen aus dem Stadt- und Stiftsarchiv Aschaffenburg 7 (2002-2004), S. 7-17, dies S. 10 f., 13 f. u. 16.

[6] Registratoren, Protokollisten und sämtliche Kanzleiverwandte (Aschaffenburg, 12. Januar 1617; Eingangsvermerk: Aschaffenburg, 19. Januar 1617) an Erzbischof und Kurfürst Johann Schweikard: Staatsarchiv Würzburg, Mainzer Regierungsarchiv, L 741 (künftig: StAWü). Bei allen Zitaten aus ungedruckten Quellen diplomatische Wiedergabe der Vorlage, in lateinischer Schrift geschriebene Wörter oder Buchstaben werden kursiv wiedergegeben.

sie gemeinsam mit den Sekretären[7] („beneben den herrn *Secretarijs*") am Vorabend des Dreikönigstages („*in Vigilia trium Regum*"), also am 5. Januar[8], „altem herkommenem gebrauch nach" bei der landesherrlichen Kanzlei einen König gewählt hatten, wobei sie durch Los auf den Sekretär Wendelin Faber gekommen waren[9]. Sie baten den Erzbischof und Kurfürsten, da es ihnen ohne dessen gnädigste Unterstützung („gnedigste handtbietung Vnndt steuer") nicht möglich, dem gewählten König die ihm gebührende Ehre zu erweisen („gepürende ehr ZueerZeigen"), ihnen zur bevorstehenden Königreichsfeier Trinkwein zu schenken („Zue beuorstehendem Königreich, Vns mit einem trunckwein gnedigst begaben Vnnd Versehen Zuelassen"). Johann Schweikard genehmigte die Bitte seiner Kanzleibeamten, indem er auf das Schreiben die undatierte Verfügung „Zwo Ohme Neien Weins" setzte und diese nicht mit seinem Namen, sondern mit seinem abgekürzten Titel „Archi-Ep[iscopu]s" (Erzbischof) unterschrieb. Mithin erhielten die Bittsteller für ihre Feier zwei Ohm, also rund 271 Liter[10], neuen Wein. Der Eingangsvermerk vom 19. Januar 1617 auf der Außenanschrift des Schreibens dürfte sich nicht auf dessen Vorlage bei Johann Schweikard, sondern auf den Tag der Ausgabe des von ihm für die Feier genehmigten Weins beziehen.

Aus dem nächsten erhaltenen Schreiben der Kanzleibeamten in dieser Angelegenheit an Erzbischof und Kurfürst Johann Schweikard, das vom 26. Januar 1619 stammt[11], geht hervor, daß sie gemeinsam mit den gelehrten Räten und den Sekretären am Dreikönigstag („*in festo trium Regum*"), also am 6. Januar, durch Los den kurfürstlichen Rat Dr. iur. Henrich Faber zum König gewählt hatten. Einer um diese

---

[7] Zu diesen vgl. *Goldschmidt* (wie Anm. 4), S. 38: „Eine Mittelstellung zwischen den Räten und den Subalternbeamten nahmen die S e k r e t ä r e ein. Ihre Aufgabe war, den Kanzler im Rat und in der Kanzlei zu unterstützen. Im Rate waren sie ihm beim Aufsetzen der Konzepte behilflich und führten das Protokoll; in der Kanzlei kontrollierten sie unter und neben dem Kanzler die Ausfertigung der Schreiben und vertraten ihn, wenn er abwesend war."

[8] Vgl. *Hermann Grotefend*, Taschenbuch der Zeitrechnung des deutschen Mittelalters und der Neuzeit, Hannover [13]1991, S. 18, 103 u. 152.

[9] Nicht zuletzt aufgrund des Termins ergibt sich eine Nähe zum Brauch der seit der ersten Hälfte des 16. Jahrhunderts nachweisbaren Erkürung eines Bohnenkönigs: Wer von einem am Dreikönigstag oder an seinem Vorabend gebackenen Kuchen, in dessen Teig eine Bohne gelegt wurde, das Stück mit der Bohne erhält, wird Bohnenkönig; vgl. zu diesem vor allem in Belgien, Deutschland, Frankreich und Großbritannien bezeugten Brauch *Paul Sartori*, Bohnenkönig, in: Hanns Bächtold-Stäubli (Hrsg.), Handwörterbuch des deutschen Aberglaubens (Handwörterbücher zur deutschen Volkskunde, Abt. 1: Aberglaube), Bd. 1, Berlin / Leipzig 1927, Sp. 1473-1474. Zu den mit dem Dreikönigstag verbundenen Bräuchen vgl. *Paul Sartori*, Dreikönige, in: Bächtold-Stäubli, Bd. 2, Berlin / Leipzig 1929-1930, Sp. 448-459. Zum mutmaßlichen Ursprung der Königswahl am Mainzer Hof vgl. auch *Erwin Hensler*, Das Königreich zu Mainz. Ein Bild aus frohen Tagen der kurmainzischen Kanzlei, in: Studien aus Kunst und Geschichte. Friedrich Schneider zum siebzigsten Geburtstage gewidmet von seinen Freunden und Verehrern, Freiburg im Breisgau 1906, S. 393-408, vor allem S. 393-396 u. 404 f.

[10] Das Mainzer Ohm entspricht 135,5737 Liter; vgl. *Harald Witthöft*, Deutsche Maße und Gewichte des 19. Jahrhunderts. Nach Gesetzen, Verordnungen und autorisierten Publikationen deutscher Staaten, Territorien und Städte, Tl. 1: Die Orts- und Landesmaße. Mit ausgewählten Daten und Texten zur Vereinheitlichung und Normierung von deutschen Maßen und Gewichten seit dem 16. Jahrhundert (Handbuch der historischen Metrologie, Bd. 2), St. Katharien 1993, S. 304.

[11] Registratoren, Protokollisten und sämtliche Kanzleiverwandte (Aschaffenburg, 26. Januar 1619; Eingangsvermerk: Aschaffenburg, 31. Januar 1619; außerdem undatierter Vermerk von anderer Hand über Beschluß Johann Schweikards: „Wie es das andermahl gehalten worden vier Ohmen", also Verdopplung der Weinmenge gegenüber 1617) an Erzbischof und Kurfürst Johann Schweikard: StAWü (wie Anm. 6).

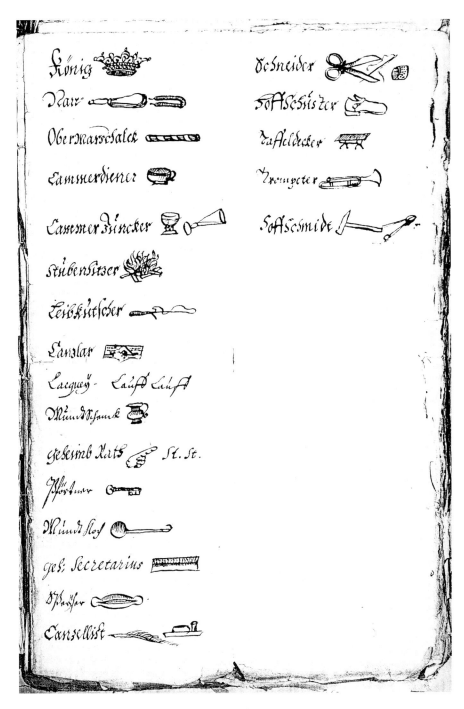

Vermutlich 1619 angefertigte Aufstellung der Ämter bei der Königswahl (vgl. Anm. 12).

Zeit angefertigten Aufstellung[12] kann man entnehmen, wie sich der Hofstaat des gewählten Königs zusammensetzte, denn die entsprechenden Ämter sind – vom Narren bis zum Hofschmied 20 verschiedene – namentlich aufgeführt und mit ihren jeweiligen Symbolen versehen[13].

Für spätere Jahre gibt es keine um Wein bittende Wahlmitteilungen mehr wie die beiden von 1617 und 1619, statt dessen enthält die entsprechende Akte Königreichs- oder Königswahlprotokoll genannte Listen, in denen die Mitglieder des kurfürstlichen Hofs mit Angabe ihrer bei der Königswahl erlangten kurzfristigen Ämter aufgeführt sind. Überliefert sind derartige Protokolle für 1630, 1663-1666 – es folgen drei undatierte –, 1675-1677, 1680, 1683-1685, 1687-1688, 1696-1697, 1699, 1701-1720, 1722-1749, 1751-1753 und 1755-1774[14]. Da diese Protokolle neben den Namen zumeist auch die amtliche Funktion der einzelnen Personen angeben – mit dem Kurfürsten insgesamt 86 sind beispielsweise bereits im Königswahlprotokoll 1663 genannt –, können sie für die Zeit vor dem ersten gedruckten mainzischen Staatskalender, dem für das Schaltjahr 1740[15], derartige Nachschlagewerke zumindest in begrenztem Umfang ersetzen, indem sie bereits gute Einblicke in die zentrale Verwaltung des Erzstiftes und in die Zusammensetzung des Mainzer Hofs gewähren[16].

In den Schreiben an Johann Schweikard aus den Jahren 1617 und 1619 sprachen die Kanzleimitarbeiter lediglich von der Wahl eines Königs. Erst in der Auflistung von 1630 mit der Bezeichnung „Königliche Cantzley" wurden weitere Ämter mit den Namen der diesen im Rahmen der Königswahl zugewiesenen Personen aufgeführt. Wenngleich bereits 1617 hinsichtlich der Königswahl von alter Gewohnheit gesprochen wurde, so scheint später erst 1630 als das entscheidende Jahr für diesen Brauch angesehen worden zu sein, denn 1730 wurde das 100jährige Jubiläum gefeiert; am Schluß des Königreichsprotokolls dieses Jahres steht folgender Vermerk: „bey dieß-Jähriger KönigReichs gewöhnlicher MahlZeit hat man auff der Churfürst[lichen] Regierungs Cantzley, das hundertJährige *Jubilæum celebri*ret Vndt seindt auff den 2ten Tag auß der Churfürst[lichen] Hoffküchen Vnterschiedliche gute speißen auff die

---

[12] Die Schrift der undatierten Aufstellung entspricht der damaligen Zeit, außerdem ist die Aufstellung in der chronologisch geführten Akte zwischen die Schreiben von 1617 und 1619 eingebunden: StAWü (wie Anm. 6).
[13] S. Abb. S. 19.
[14] StAWü (wie Anm. 6). Die Protokolle von 1743, 1766, 1767, 1769 und 1772 haben z. T. mehrere Anlagen, von denen in jedem der genannten Jahre zumindest eine das Festessen betrifft.
[15] Chur-Mayntzischer Stands- und Staats-Calender, Auf das Schalt-Jahr 1740. Worinnen kürtzlich zu ersehen, Jn welchen Kirchen der Stadt Mayntz die Haubt-Andachten und ZwölffStündiges - sowohl, als auch immerwährendes Gebett im gantzen Hohen Ertz-Stifft alltäglich das gantze Jahr hindurch gehalten wird. Sodann Verzeichnus aller des Heil. Stuhls zu Mayntz seithero gewesten Bischöffen, Ertz-Bischöffen und Churfürsten, bis auf Jhre jetzt Glorw. Regierende Churfürstl. Gnaden. Nebst einem ausführlichen Schematismo Sembtlicher des Hohen Ertz-Stifts Geist- und Weltlicher, Civil- und Militar-Angehörigen, Dicasterien, mit deren Sessionen und Ferien, Ober- und Aembter auch Kellereyen &c. jeder mit seinem Prædicat, in Alphabetischer Ordnung. Jtem: Regierender Hoher Häupter in Europa Geburths-Täge. Ankommende und abgehende Posten, Land-Kutschen. Marckschiff, Marck-Nachen und Botten, auch Sperr-Ordnung der Stadt-Thoren in Mayntz, nebst einer Ausrechnung deren Carl D'or zu Gulden, Mayntz o. J. [1739]. Daß es sich bei dieser Ausgabe um den ersten mainzischen Staatskalender handelt, ergibt sich aus der Bemerkung „An den Hoch- und geneigten Leser", ebd., S. [XXVI].
[16] Vgl. *Hensler*, Königreich (wie Anm. 9), S. 398; so in Einzelfällen ausgewertet durch *Goldschmidt* (wie Anm. 4), S. 108 – die Angaben S. 108 f. über die von ihm als „Fastnachtsprotokolle" bezeichneten Königswahlprotokolle sind allerdings nicht ganz zutreffend –, 127, 174 u. 176.

Cantzley gegeben worden". Trotz dieser großen Feier wurde 33 Jahre später, wie im Königswahlprotokoll von 1763 festgehalten, erneut von der Regierungskanzlei[17] „ein feyerlich 100.jähriges *Jubilæum*" begangen. Der Grund dafür liegt vermutlich darin, daß nach dem Beginn 1630 erst ab 1663 regelmäßig Königreichswahlen stattfanden.

In welcher Art und Weise diese Wahlen durchgeführt wurden, ergibt sich aus dem zweiten Königswahlprotokoll von 1751. Gewöhnlich erstellte man nur ein Protokoll, aber in jenem Jahr wies es mehr Korrekturen als üblich auf, weshalb anschließend ein zweites als Reinschrift mit einer vorausgehenden Erläuterung angefertigt wurde. Aus dieser geht hervor, daß es bei der Wahl zu einer Panne gekommen war: „Bey Ziehung der diesJährigen Königswahl" hatte sich herausgestellt, „daß der Zettul des Königs aus dem Hut gefallen, solches aber bis nach geschehener Ziehung nicht *observi*ret worden, einfolglich sothane Ziehung ohne König, mithin fruchtloß ausgefallen", weshalb die Wahl hatte wiederholt werden müssen. Demnach wurden bei den Königswahlen Zettel mit den verschiedenen Bezeichnungen als Lose in einen Hut geworfen, aus dem sich dann jeder Teilnehmer einen Zettel mit der ihm bestimmten Rolle im Königreich nahm. 1765 zog Erzbischof und Kurfürst Emmerich Joseph (1707-1774)[18] das Königslos. Über die sich daran anschließenden Festlichkeiten vermerkte das damalige Königswahlprotokoll: „Jhro Churfürst[liche] Gnaden haben ein prächtiges *Tractament* zwey Tag lang gegeben, wobey den Ersten Tag ein Ball gehalten worden". Es konnte auch vorkommen, daß die mit einer Königswahl verbundene Feier länger als zwei Tage dauerte[19].

1743 war das erste Jahr, in dem drei Angehörige der freiherrlichen Familie Erthal[20], die zur gleichen Zeit Mitglieder des Hofrats[21] waren, gemeinsam an einer Königswahl teilnahmen und mit Ämtern bedacht wurden, nämlich der wirkliche Geheime Rat Philipp Christoph Freiherr von Erthal (1689-1748)[22] sowie die Hof- und Regierungsräte Lothar Franz Michael (1717-1805)[23] und Carl Friedrich Wilhelm

---

[17] Im 18. Jahrhundert wurde die Hofratskanzlei, von der Ende des 17. oder Anfang des 18. Jahrhunderts die Geheime Kanzlei abgetrennt worden war, auch als Regierungskanzlei bezeichnet; vgl. *Goldschmidt* (wie Anm. 4), S. 31 u. 94.

[18] Zu diesem, von 1763 bis zu seinem Tod Erzbischof von Mainz und als solcher Kurfürst des Reiches, daneben ab 1768 auch Bischof von Worms, vgl. *Friedhelm Jürgensmeier*, Emmerich Joseph Reichsfreiherr von Breidbach zu Bürresheim, in: Erwin Gatz (Hrsg.), Die Bischöfe des Heiligen Römischen Reiches 1648 bis 1803. Ein biographisches Lexikon, Berlin 1990, S. 42-44.

[19] So 1743, wie aus der Anlage zum entsprechenden Königswahlprotokoll hervorgeht: „den 3ten Tag seynd biß 18 personen erschienen alwo wir noch Zu essen und Zu Trincken in überfluß gehabt".

[20] Zu dieser vgl. *[Martin Balduin] Kittel*, Geschichte der freiherrlichen Familie von und zu Erthal. Aus den Quellen dargestellt, in: Archiv des historischen Vereines von Unterfranken und Aschaffenburg 17 (1865), Heft 2-3, S. 97-255.

[21] Zur damaligen Funktion des Hofrats vgl. *Goldschmidt* (wie Anm. 4), S. 78-93 u. 98-103.

[22] Zu diesem vgl. *Kittel* (wie Anm. 20), S. 162-175, 184 f. u. 191 f.; im Hof- und Staatskalender 1743 als „Churfürstl. Mayntzischer würcklicher Geheimer Rath und Ambtmann zu Lohr" bezeichnet, vgl. Chur-Mayntzischer Stands- und Staats-Schematismus Aller des Hohen Ertz-Stiffts Geist- und Weltlicher, Civil- und Militar-Angehörigen, Dicasterien, mit deren Sessionen, Ferien, Ober- und Aembter, auch Kellereyen &c. jeder mit seinem Prædicat, in Alphabetischer Ordnung, Samt einem vorhergehenden Calender, Auf das Jahr nach CHristi Geburt 1743. [...], Mainz o. J. [1742], S. 36 (Zitat) u. 70.

[23] Zu diesem vgl. *Kittel* (wie Anm. 20), S. 192-195 u. 229-248; im Hof- und Staatskalender 1743 als „Churfürstl. Cammer-Herr, auch Hoff- und [Vorlage: nnd] Regierungs-Rath" bezeichnet, vgl. Schematismus 1743 (wie Anm. 22), S. 38 (Zitat) u. 48.

Freiherr von Erthal (1717-1780)[24]. Die beiden ersten waren Vater und Sohn und gehörten zur älteren Linie Elfershausen und letzterer zur jüngeren Linie Leuzendorf des Geschlechts; Carl Friedrich Wilhelm Freiherr von Erthal war ein Vetter vierten Grades des Lothar Franz Michael[25]. Des letzteren Bruder Friedrich Carl Joseph Freiherr von Erthal (1719-1802)[26], der spätere Erzbischof von Mainz, machte erstmals 1759 bei einer Königswahl mit.

1743	Philipp Christoph Freiherr von Erthal[27]	Organist
	Lothar Franz Michael Freiherr von Erthal[28]	Tambour
	Carl Friedrich Wilhelm Freiherr von Erthal[29]	Taxator
1744	Philipp Christoph Freiherr von Erthal	Hofzimmermann
	Lothar Franz Michael Freiherr von Erthal	Violinist
	Carl Friedrich Wilhelm Freiherr von Erthal	Zeremonienmeister
1745	Philipp Christoph Freiherr von Erthal	Kammerpräsident
	Lothar Franz Michael Freiherr von Erthal	„HofJudt"[30]
	Carl Friedrich Wilhelm Freiherr von Erthal	Knabenhofmeister[31]
1746	Philipp Christoph Freiherr von Erthal	Kapellendiener
	Lothar Franz Michael Freiherr von Erthal	Hospitalverwalter
	Carl Friedrich Wilhelm Freiherr von Erthal	Hofglaser
1747[32]	Philipp Christoph Freiherr von Erthal[33]	Hofschuster
	Lothar Franz Michael Freiherr von Erthal	Hoffourier[34]
	Carl Friedrich Wilhelm Freiherr von Erthal	Münzmeister

---

[24] Zu diesem, der 1758 Präsident der Geistlichen Regierung in Würzburg wurde und dort von 1767 bis zu seinem Tod Generalvikar war, vgl. *Kittel* (wie Anm. 20), S. 145 f., sowie *Egon Johannes Greipl*, Karl Friedrich Wilhelm Reichsfreiherr von Erthal zu Leuzerdorf und Gochsheim, in: Erwin Gatz (Hrsg.), Die Bischöfe des Heiligen Römischen Reiches 1648 bis 1803. Ein biographisches Lexikon, Berlin 1990, S. 99; er wurde vermutlich erst Ende 1742 oder Anfang 1743 Hof- und Regierungsrat, da im Hof- und Staatskalender 1743 noch nicht erwähnt, in dem von 1747 als „Churf. Cammer-Herr, auch Hoff- und Regierungs- und Hoffgerichts-Rath" bezeichnet, vgl. Chur-Mayntzischer Stands- und Staats-Schematismus, Aller des Hohen Ertz-Stiffts Geist- und Weltlicher, Civil- und Militar-Angehörigen, Dicasterien, mit deren Sessionen, Ferien, Ober- und Aembter, auch Kellereyen &c. jeder mit gehörigem Prædicat, in Alphabetischer Ordnung; Sambt einem vorhergehenden Calender, Auf das Jahr nach Christi Geburt 1747. [...], Mainz o. J. [1746], S. 41 f., 45 (Zitat) u. 56.

[25] Zur Genealogie vgl. Europäische Stammtafeln. Stammtafeln zur Geschichte der europäischen Staaten, Neue Folge, hrsg. v. Detlev Schwennicke, Bd. 11: Familien vom Mittel- und Oberrhein und aus Burgund, Marburg 1986, Taf. 50 ff.

[26] Zu diesem, 1774-1802 Erzbischof von Mainz und Kurfürst des Reiches, vgl. oben, S. 7-16, den ihm gewidmeten biographischen Artikel.

[27] In den Protokollen 1743-1746 als Geheimer Rat Freiherr von Erthal bezeichnet.

[28] In den Protokollen 1743-1748 als Hofrat mit den ersten beiden Vornamen aufgeführt.

[29] In den Protokollen 1743-1745 als Hofrat mit den ersten beiden Vornamen aufgeführt, 1746 ist der zweite Vorname gestrichen, 1747 und 1748 nur der erste Vorname genannt.

[30] Das war ein „jude, welcher einem hofe in handelsangelegenheiten fortwährende dienste" leistete oder „unter dem unmittelbaren schutze eines hofes" stand; vgl. *Jacob Grimm* u. *Wilhelm Grimm*, Deutsches Wörterbuch, Bd. 4, Abt. 2, bearb. v. Moriz Heyne, Leipzig 1877, Sp. 1686. Zu Hofjuden als Lieferanten und Finanziers der Erzbischöfe von Mainz vgl. *Heinrich Schnee*, Die Hoffinanz und der moderne Staat. Geschichte und System der Hoffaktoren an deutschen Fürstenhöfen im Zeitalter des Absolutismus. Nach archivalischen Quellen, Bd. 4: Hoffaktoren an süddeutschen Fürstenhöfen nebst Studien zur Geschichte des Hoffaktorentums in Deutschland, Berlin 1963, S. 36 f., 41 f. u. 244 f.

[31] Hofmeister = „aufseher und bewahrer des gesindes und der kinder des hauses", schließlich „auch erzieher der kinder"; vgl. *J. Grimm* u. *W. Grimm*, Bd. 4,2 (wie Anm. 30), Sp. 1694.

1748	Philipp Christoph Freiherr von Erthal[35]	Organist
	Lothar Franz Michael Freiherr von Erthal	Hofhäfener[36]
	Carl Friedrich Wilhelm Freiherr von Erthal	Kapaunenstopfer[37]
1749	Lothar Franz Michael Freiherr von Erthal[38]	Silberdiener
	Carl Friedrich Wilhelm Freiherr von Erthal	Sattelknecht
1751[39]	Lothar Franz Michael Freiherr von Erthal	Kalkant[40]
	Carl Friedrich Wilhelm Freiherr von Erthal	Kastrat[41]

---

[32] In diesem Jahr war Erzbischof und Kurfürst Johann Friedrich Carl (1689-1763) König; zu diesem, der von 1743 bis zu seinem Tod Erzbischof von Mainz und Kurfürst des Reiches sowie daneben ab 1756 Bischof von Worms war, vgl. *Friedhelm Jürgensmeier*, Johann Friedrich Karl (seit 1712 Reichsgraf) von Ostein, in: Gatz, Bischöfe 1648-1803 (wie Anm. 18), S. 331-334.

[33] In den Protokollen 1747 und 1748 als Obermarschall Freiherr von Erthal bezeichnet. Im Hof- und Staatskalender 1747 als „Jhro Kays. Majestät würcklicher Geheimer-Rath, Sr. Churf. Gnaden zu Mayntz Ober-Marschall, auch würckl. Geheimer-Rath, Hoff-Cammer Vice-Præsident, und Ambtmann zu Lohr, auch des Freyen Reichs-Ritterschafftlichen Lands zu Francken erbettener Ritter-Rath" bezeichnet; vgl. Schematismus 1747 (wie Anm. 24), S. 40 (Zitat), 44, 47, 53 u. 81.

[34] Vgl. *Johann Heinrich Zedler*, Grosses vollständiges Universal-Lexikon, Bd. 9, Graz 1982 (Reprint der Ausgabe Halle / Leipzig o. J. [1734]), Sp. 1587: *„Fourier*, an Fürstlichen Höfen ist eben Falls [d. h. wie beim Militär] ein Bedienter oder wohl zwey bestellet, so Furier, und mit Unterschied Hof- oder Cammer-Furier heissen. Der Hof-Furier bestellet die täglichen Befehle am Hofe, die er von dem Marschall empfängt, thut die Ansage denen, so nach Hofe erfordert werden, sorget vor die ankommenden Gäste, daß sie mit gehöriger Herberge, Speisung, Futter und dergleichen versehen werden, und wo nicht ein eigener Futter Marschall vorhanden, versiehet er auch die Anschaffung und Ausgabe des harten und rauhen Futters vor den Fürstlichen Marstall, und die *Deputat*en."

[35] Der Name des am 15. Mai 1748 Verstorbenen wurde nachträglich gestrichen, was darauf hindeutet, daß das Protokoll eines Jahres in korrigierter Form als Vorlage für das Folgejahr diente.

[36] Häfener = Hafner, was Töpfer bedeutet; vgl. *J. Grimm* u. *W. Grimm*, Bd. 4,2 (wie Anm. 30), Sp. 127 f.

[37] Mäster von Kapaunen, also von kastrierten Hähnen; vgl. *Zedler* (wie Anm. 34), Bd. 5, Graz 1961 (Reprint der Ausgabe Halle / Leipzig 1733), Sp. 680 f.: **„Cappaun, Capaun, Kapaun, Capp-Hahn** [...]. Ein Hauß-Hahn, dem die Geilen benommen. [...] Heut zu Tage geschicht es ohne Feuer durch den Schnitt, welches viel sicherer ist, damit ihrer desto weniger sterben. Wenn also die jungen Hähne halb gewachsen sind, und zu krähen anfangen, sperret man sie ein, daß sie 24 Stunden nichts zu fressen noch zu sauffen bekommen. Den folgenden Tag wird durch einen Schnitt unten am Bauche ihnen der Leib geöffnet, mit zwey Fingern hinein gefahren, die Geilen herausgenommen, die Wunde zugehefftet und mit Butter beschmieret: folgends der Kamm und Bart abgeschnitten, mit Butter beschmieret, und sie wieder eingesperrt, da sie denn drey Tage fleißig gefüttert werden. [...] Wenn der Schnitt wohl gerathen, so wird der Kamm bleich, und krähen auch nicht mehr. [...] Die Cappaunen sind eines derer nützlichsten Einkommen, so von der Hüner-Zucht zu hoffen. Wenn man sie mästen will, berupft man ihnen die Federn am Kopf, unter denen Flügeln und zwischen denen Beinen. Dann setzt man sie in eine Mast-Stiege, die also zugerichtet, daß in jeder allein enge eingeschlossen sitzt, und sich nicht umwenden könne. Forne ist für den Kopf und Halß eine Oeffnung, daß er gefüttert werde, und hinten eine, dadurch er sich entlastet. Also wird die Stiege [Vorlage: Steige] in eine finstere Cammer gesetzet, und kein Licht hinein gelassen, als wenn sie gefüttert werden, welches dreymahl des Tages, nicht zu starck, und daß der Kropff zuvor geleeret sey, geschiehet. Man giebt ihnen kleine Klössel oder Kügelein von Gersten- Habern- oder Hirsen-Mehl mit warmen Wasser angemacht, und hackt ihnen auch wohl etwas gelbe Rüben darunter: die es noch besser machen wollen, geben ihnen Semmel-Krumen in Milch getaucht."

[38] In den erhaltenen Protokollen des Zeitraumes 1749-1759 beide nicht mehr durch Vornamen, sondern lediglich durch Zusatz sen. bzw. jun. unterschieden. Der Altersunterschied betrug nur gut vier Monate, denn beide wurden 1717 geboren, und zwar Lothar Franz Michael am 12. November und Carl Friedrich Wilhelm Freiherr von Erthal am 1. Juli; es kann davon ausgegangen werden, daß die bisherige Reihenfolge beibehalten und die Unterscheidung nach dem Dienstalter als Hof- und Regierungsräte – vgl. Anm. 23 u. 24 – erfolgte.

[39] Für 1750 ist kein Königswahlprotokoll überliefert.

[40] Ein Kalkant war der Balgentreter einer Orgel; vgl *Zedler*, Bd. 5 (wie Anm. 37), Sp. 168: „*Calcant*, so wird derjenige genennet, welcher bey Orgel-Wercken in denen Kirchen die Bälge treten muß." Vgl. außerdem *Hans-Bernd Spies*, Beispiele finanzieller Musikförderung durch Lübecker Bürger in der Frühen Neuzeit, in: Antjekathrin Graßmann u. Werner Neugebauer (Hrsg.), 800 Jahre Musik in Lübeck [Tl. I]. Zur Ausstellung im Museum am Dom aus Anlaß des Lübecker Musikfestes (Senat der Hansestadt Lübeck, Amt für Kultur, Veröffentlichung, Heft 19), Lübeck 1982, S. 57-63, dies S. 59.

1752	Lothar Franz Michael Freiherr von Erthal	Organist
	Carl Friedrich Wilhelm Freiherr von Erthal	Büchsenspanner[42]
1753	Lothar Franz Michael Freiherr von Erthal	Oberkeller[43]
	Carl Friedrich Wilhelm Freiherr von Erthal	Hofseiler
1755[44]	Lothar Franz Michael Freiherr von Erthal	Botenmeister
	Carl Friedrich Wilhelm Freiherr von Erthal	Hofglaser
1756	Lothar Franz Michael Freiherr von Erthal	Pfandhauspedell
	Carl Friedrich Wilhelm Freiherr von Erthal	Küchenschreiber
1757	Lothar Franz Michael Freiherr von Erthal	Stadtschultheiß[45]
	Carl Friedrich Wilhelm Freiherr von Erthal	Kurier
1758	Lothar Franz Michael Freiherr von Erthal	Forstmeister
	Carl Friedrich Wilhelm Freiherr von Erthal	Hofkalfaktor[46]
1759	Friedrich Carl Joseph Freiherr von Erthal[47]	Hofbender[48]
	Lothar Franz Michael Freiherr von Erthal	Regierungskanzlist
	Carl Friedrich Wilhelm Freiherr von Erthal[49]	Zollvisitator

---

[41] Vgl. *Zedler*, Bd. 5 (wie Anm. 37), Sp. 1373: „*Castraten*, werden genennet, welche eigentlich so gebohren, daß sie keine Kinder zeugen können, nachgehends denen das Männliche Glied mit ihrer selbst beliebigen Einwilligung ausgeschnitten sind. [...] Jngleichen werden auch diejenigen genennt, die man in Jtalien und an grosser Herren Höffe in denen Capellen braucht, daß sie wegen ihrer weichlichen und weibischen Stimme den *Alt* oder *Discant fistuli*ren müssen." Vor allem im 17. und 18. Jahrhundert wurden Knaben, um ihren Stimmbruch zu verhindern und ihnen ihre bisherige hohe Stimme zu erhalten, damit sie beispielsweise in Opern weibliche Rollen übernehmen konnten, vor der Geschlechtsreife die Hoden entfernt; vgl. dazu insgesamt *Hubert Ortkemper*, Engel wider Willen. Die Welt der Kastraten. Eine andere Operngeschichte, München 1995.

[42] Vgl. *Zedler* (wie Anm. 34), Bd. 4, Graz 1961 (Reprint der Ausgabe Halle / Leipzig 1733), Sp. 1840 f.: „**Büchsen-Spanner** oder **Leib-Schütze**, heist ein Diener, der Herrschafftlich Gewehr ladet. [...] Seine vornemste Tugend, bestehet hauptsächlich darinne, daß er seines Principals aus- oder abgeschossenes Gewehr hurtig, geschwind und reinlich innwendig ausziehe, eiligst lade, geschwind fertig habe, auf bedürffenden Fall oder Verlangen seines Herrn gleich überreiche, und mit allem diesem Gewehr fein behutsam und vorsichtig umgehe [...]. [...] Es haben die Leib-Schützen vor Alters Büchsen-Spanner geheissen, weil damahls alles Gewehr gespannet worden."

[43] Oberster Finanzbeamter einer größeren Verwaltungseinheit, z. B. der Oberkellerei Aschaffenburg; vgl. *Christ* (wie Anm. 5), S. 53 ff.

[44] Für 1754 ist kein Königswahlprotokoll überliefert.

[45] Landesherrlicher Beamter in der städtischen Verwaltung; vgl. *Heinrich Fußbahn*, Die Stadtverfassung Aschaffenburgs in der frühen Neuzeit (Veröffentlichungen des Geschichts- und Kunstvereins Aschaffenburg, Bd. 45), Aschaffenburg 2000, S. 64-91.

[46] Kalfaktor bedeutete ursprünglich Warmmacher oder Einheizer, hier im Sinne von Aufwärter oder Diener gebraucht; vgl. *Heinz Küpper*, Illustriertes Lexikon der deutschen Umgangssprache, Bd. 4, Stuttgart 1983, S. 1405, außerdem *Zedler*, Bd. 5 (wie Anm. 37), Sp. 217: „*Calefactio*, **Warmmachung, Erwärmung**, wird sonderlich von denen Artzeneyen verstanden, damit (1) die Kräffte derer Dinge, so eingeweicht werden, sich desto eher in die Feuchtigkeit setzen, (2) die Säffte desto besser auszupressen und durchzugüssen."

[47] In den Protokollen 1759-1774 stets als Regierungspräsident Freiherr von Erthal bezeichnet; im Hof- und Staatskalender 1759 als „Sr. Churfürstl. Gnaden zu Maynz würklicher Geheimer Rath und Hof-Raths *Präsident* 1758. auch Sr. Hochfürstl. Gnaden Bischofen zu Bamberg würkl. Geheimbder-Rath, wie auch *Rector Magnificentissimus* der uralten *Universität* zu Maynz 1754. den 14. *May*" geführt, vgl. Chur-Mayntzischer Hof- Staats- und Stands-Calender, Auf das Jahr Nach unsers Herrn und Heylands Jesu Christi Gnadenreichen Geburt MDCCLIX. So ein ordinari Jahr von 365 Täg ist. Darinnen zu lesen Alle Andachten und Gebett-Stunden in- und außerhalb Maynz; Sowohl des alltäglichen 12. stündigen in Maynz, als des ewigen Gebetts im ganzen hohen Erz-Stift. Jtem Schema Eines Erz-hohen Dhom-Capituls Auch aller des hohen Erz-Stifts geist- und weltlichen angehörigen Dicasterien und Stellen Mit deren Sessionen, Ferien, Vicedom- Ober- und Aemter und Kellereyen, jeder mit gehörigem *Prædicat* Jn Alphabetischer Ordnung, Mainz o. J. [1768], S. 4 (Zitat), 49, 55 u. 75.

1760	Friedrich Carl Joseph Freiherr von Erthal	Lustiger Tischrat
	Lothar Franz Michael Freiherr von Erthal[50]	Hofkammersekretär
1761	Friedrich Carl Joseph Freiherr von Erthal	Pistormeister[51]
	Lothar Franz Michael Freiherr von Erthal	Protokollist
1762	Friedrich Carl Joseph Freiherr von Erthal	Hof- und Regierungskanzlist
	Lothar Franz Michael Freiherr von Erthal	Kranenmeister[52]
1763	Friedrich Carl Joseph Freiherr von Erthal	Portechaise-Träger[53]
	Lothar Franz Michael Freiherr von Erthal	Holzverwalter
1764	Friedrich Carl Joseph Freiherr von Erthal	Lehensekretär
	Lothar Franz Michael Freiherr von Erthal	Hofmechaniker
1765[54]	Friedrich Carl Joseph Freiherr von Erthal	Oberkeller
	Lothar Franz Michael Freiherr von Erthal	Regierungskanzlist
1766	Friedrich Carl Joseph Freiherr von Erthal	Hofmünzmeister
	Lothar Franz Michael Freiherr von Erthal	Regierungsingrossist[55]
1767	Friedrich Carl Joseph Freiherr von Erthal	König
	Lothar Franz Michael Freiherr von Erthal	Oberamtmann[56]
1768	Friedrich Carl Joseph Freiherr von Erthal	Bauschreiber
	Lothar Franz Michael Freiherr von Erthal	Hofscherenschleifer

---

[48] Bender = Faßbinder, Küfer; vgl. *J. Grimm* u. *W. Grimm* (wie Anm. 30), Bd. 1, Leipzig 1854, Sp. 1466.

[49] Er schied im Laufe des Jahres 1759 aus dem Dienst des Erzstiftes Mainz aus und widmete sich ganz dem des Hochstiftes Würzburg; vgl. Anm. 24.

[50] In den Protokollen 1760-1774 als Geheimer Rat Freiherr von Erthal bezeichnet; im Hof- und Staatskalender 1760 als „Churfürstl. Maynzischer Geheimer-Rath und Amtmann zu Lohr" geführt, vgl. Chur-Maynzischer Hof- Staats- und Stands- [Vorlage: Stadns-] Calender, Auf das Jahr Nach unsers HErrn und Heylands Jesu Christi Gnaden-reichen Geburt MDCCLX. So ein Schalt-Jahr von 366 Täg ist. [...], Mainz o. J. [1759], S. 57 (Zitat) u. 97.

[51] Pistormeister = Bäckermeister; vgl. *Zedler* (wie Anm. 34), Bd. 28, Graz 1982 (Reprint der Ausgabe Leipzig / Halle 1741), Sp. 531: „*PISTOR*, hat seinen Namen *a pinsendo*, und war eigentlich, der eine Stampff-Mühle hatte, in welcher man das gedörrte Getreide mit grossen Klöppeln in Trögen zerstieß. Denn ehe die Mühlen aufkamen, und recht gemein wurden, muste man sich so behelffen. Hernach thaten sie auch dieses darzu, daß sie das Brodt selbst backten, und daher heist *Pistor*, ein Becker".

[52] Der Kran(en)meister hatte die Aufsicht über die am Kran und bei den Verladearbeiten Beschäftigten; vgl. *Zedler* (wie Anm. 34), Bd. 15, Graz 1982 (Reprint der Ausgabe Halle / Leipzig 1737), Sp. 1731: „**Krahn-Knechte** sind in denen Waage- Pack- und Kauff-Häuser bestellte Leute, welche die Gewichte auf die Waag-Schale, und wieder davon heben, das Pack-Haus reinlich, und die dahin gelegten Güter in richtiger Ordnung halten, den Tag ihres Einbringens und Ausholens in gewissen Fällen *noti*ren, und den Krahn, mit welchen die Güter aus dem Schiffe gehoben, und in dasselbe gebracht werden, regieren müssen. Jhnen allen ist der Waage-Meister, oder der Pack-Hof- und Kauf-Haus-Schreiber, auch wohl der älteste Güter-Bestäter vorgesetzet, nach dessen Befehl sie sich zu richten [Vorlage: zurichten] haben."

[53] Sänftenträger.

[54] In diesem Jahr war Erzbischof und Kurfürst Emmerich Joseph König; s. o. S. 21.

[55] Ein Ingrossist bzw. Ingrossator fertigte in den Kanzleien Reinschriften an; vgl. *Zedler* (wie Anm. 34), Bd. 14, Graz 1982 (Reprint der Ausgabe Leipzig / Halle 1735), Sp. 703: „*Ingrossi*ren, ist ein Cantzley-Wort, und bedeutet eine Schrifft ins reine und gehörige Forme bringen. Daher derjenige, der solche Arbeit verrichtet, *Ingrossator* genennet wird." Vgl. auch *Goldschmidt* (wie Anm. 4), S. 29: „Unter ‚ingrossieren' verstand man in Mainz die wortgetreue, kalligraphische Eintragung der wichtigen Verfügungen und der Bestallungen in Folianten, die Ingrossaturbücher".

[56] Landesherrlicher Beamter, der einer unteren Verwaltungseinheit (Oberamt) vorstand; vgl. *Christ* (wie Anm. 5), S. 50-53.

1769	Friedrich Carl Joseph Freiherr von Erthal	Reisesekretär
	Lothar Franz Michael Freiherr von Erthal	Hofkavalier
1770	Friedrich Carl Joseph Freiherr von Erthal	Kavalierkoch
	Lothar Franz Michael Freiherr von Erthal	Kammerlakei
1771	Friedrich Carl Joseph Freiherr von Erthal	Organist
	Lothar Franz Michael Freiherr von Erthal	Schloßtürmer
1772	Friedrich Carl Joseph Freiherr von Erthal	Hofrechenmeister
	Lothar Franz Michael Freiherr von Erthal	Schloßverwalter
1773	Friedrich Carl Joseph Freiherr von Erthal	Kammerlakai
	Lothar Franz Michael Freiherr von Erthal	Hofkammerregistrator
1774	Friedrich Carl Joseph Freiherr von Erthal	Schornsteinfeger
	Lothar Franz Michael Freiherr von Erthal	Kanzleidiener

1767 also hatte Friedrich Carl Joseph Freiherr von Erthal im Losverfahren die höchste Würde bei der Königswahl erlangt. Daher beschenkte er „als König" die Kanzlei „mit einem Zuschuß" von 80 Gulden, außerdem mit einem Ohm – rund 135 Liter[57] – Wein sowie 50 Flaschen „fremden Weinen", ließ vom kurfürstlichen Küchenmeister Philipp Podolack[58] ein großes Festessen („ein prächtiges *Tractament*") zubereiten und durch die beiden jüngsten Regierungskanzlisten[59] insgesamt 31 „Hohe Standes *Personen*" dazu laden. Für das am 7. Januar stattfindende Mahl hatte Podolack laut seiner „*Specification*"[60] 39 Pfund[61] Rindfleisch für 3 Gulden (fl.) 54 Kreuzer (xr.), 20 Pfund gesalzenes Rindfleisch (2 fl. 40 xr.), zwei grüne sowie zwei gesalzene Ochsenzungen (2 fl. 24 xr.), 41 Pfund Kalbfleisch (4 fl. 26$^{1}/_{2}$ xr.), acht „Kalbsmilcher"[62] (48 xr.), 28 Pfund Hammelfleisch (2 fl. 34 xr.), 16 Pfund Schweinefleisch (1 fl. 44 xr.), vier Blut- und sechs Leberwürste (2 fl.), acht geräucherte[63] Knoblauchwürste (48 xr.), sechs Pfund geräucherten Schinken (1 fl. 21 xr.), sechs Pfund geräucherten Speck (1 fl. 48 xr.), zehn Pfund frische Butter (2 fl. 10 xr.), zwei Pfund Schmalzbutter[64] (40 xr.), zwei

---

[57] Vgl. Anm. 10.
[58] Sein Name von der Kanzlei in dem dem Königswahlprotokoll 1767 beigefügten Bericht über Erthals Geschenke und die Teilnehmer am Festessen „Podulack" geschrieben, er selbst unterschrieb seine Aufstellung (wie Anm. 60) mit „Podolack"; vgl. Chur-Maynzischer Hof- Staats- und Stands-Calender, Auf das Jahr Nach unsers HErrn und Heilands Jesu Christi Gnaden-reichen Geburt MDCCLXVII. So ein gemein Jahr von 365. Täg ist. [...], Mainz o. J. [1766], S. 72: „Küchenmeister Hr. Philipp Potolac".
[59] Das waren Johann Ludwig Hofmann und Friderich Scherer; vgl. ebd., S. 69.
[60] Anlage zum Königswahlprotokoll 1767.
[61] Das damals in Mainz gebräuchliche Pfund entspricht 470,686 Gramm; vgl. *Witthöft* (wie Anm. 10), S. 307.
[62] Kalbsmilch = Kälberbröschen, -bries, -brissel, -drüse, Kalbsbröschen bzw. Kalbsdrüse, also die innere Brust- bzw. Milchdrüse des Kalbs; vgl. *J. Grimm* u. *W. Grimm* (wie Anm. 30), Bd. 2, Leipzig 1860, Sp. 399, u. Bd. 5, bearb. v. Rudolf Hildebrand, Leipzig 1873, Sp. 55 u. 59 f.
[63] In der Auflistung „dürre", entsprechend auch bei den beiden folgenden Positionen, im Sinne von ‚geräuchert' gebraucht; vgl. *J. Grimm* u. *W. Grimm*, Bd. 2 (wie Anm. 62), Sp. 1738 u. 1745.
[64] Vgl. *Zedler*, Bd. 4 (wie Anm. 42), Sp. 2044: „*Butyrum eliquatum*, Frantzösisch *Beurre fondu*, Teutsch **Schmaltz, Schmaltz-Butter.** Jst ausgelassene oder geschmoltzene Butter, wodurch die Butter lange gut erhalten wird. Die, so hiezu genommen, soll nicht alt, noch mit vielen Gries vermenget, aber wohl ausgekocht und geläutert seyn, auch nicht heiß außgegossen, und wenn sie gegossen wird, wohl gerühret werden. [...] Das Schmaltz muß an einem gemäßigten Ort stehen, da es nicht zu feucht ist, damit es nicht schimmle, noch zu warm, damit es nicht rinne."

Gänse (2 fl. 40 xr.), sieben Hähne (3 fl. 30 xr.), drei Kapaune (3 fl. 36 xr.), drei Enten (2 fl. 15 xr.), 125 Eier (1 fl. 50 xr.), neun Spieße „*Cramets*Vögel"[65] (5 fl. 24 xr.), 950 Austern (21 fl. 41½ xr.), sechs Pfund „*Melis*zucker"[66] (1 fl. 54 xr.), drei Pfund „*Raffinath*zucker"[67] (1 fl. 12 xr.), drei Lot[68] Zimt (42 xr.), zwei Pfund große Rosinen (28 xr.), 82 Zitronen (6 fl. 9 xr.), ein halbes Pfund Zitronat (15 xr.), vier Pfund Mandeln (1 fl. 28 xr.), zwei Apfelsinen[69] (20 xr.), sechs Lot „Haussenblaß"[70] (1 fl. 42 xr.), ein Maß[71] Milch (5 xr.), zwei Maß Rahm (48 xr.) und Obst zum Kompott (10 xr.), insgesamt also für 83 fl. 27 xr., eingekauft[72].

Die letzte Königswahl am Mainzer Hof fand 1774 statt – damals wurde Kammerdiener Gottfried Pestel[73] König.

Obwohl er selbst einmal König gewesen war und andererseits nicht das Pech gehabt hatte, bei einem dieser jährlichen Feste den Titel Kastrat tragen zu müssen, schuf Friedrich Carl Joseph Freiherr von Erthal, nachdem er Erzbischof geworden war, die Königswahl, die eine lange Tradition hatte, ab. Wahrscheinlich hielt er derartige Veranstaltungen nicht mehr für zeitgemäß. Ein Chronogramm auf der Titelseite, sie ist als einzige beschrieben[74], des Königswahlprotokolls von 1775 kommentiert den Sachverhalt so:

„Non In arMIs ast gLorIosa
PaCe bonI ChrIstIanI[75] ab ErthaL
ELeCtorIs antIqVI CanCeLLa-
rIæ RegnI fInIs fVIt."

---

[65] Krammetsvogel = Wacholderdrossel, aber auch Bezeichnung für andere Drosselarten; vgl. *Zedler*, Bd. 15 (wie Anm. 52), Sp. 1737, sowie *J. Grimm* u. *W. Grimm*, Bd. 5 (wie Anm. 62), Sp. 2005.
[66] Eine Qualitätsstufe des Zuckers; vgl. *Zedler* (wie Anm. 34), Bd. 63, Graz 1964 (Reprint der Ausgabe Leipzig / Halle 1750), Sp. 1030: Der nach Europa gebrachte Zucker wurde „vornehmlich in Portugall, Spanien, Engelland, Franckreich und Hamburg in den Zucker-Beckereyen aufs neue gereiniget, geläutert, von aller Unreinigkeit gesaubert, und zu allerhand Sorten von feinem Zucker bereitet, welche sind: 1) **Candis** oder **Canarien**, ist weiß und braun; 2) **Fein fein**, oder **fein fein Reffinad**; 3) **Klein-Melis**; 4) **Groß-Melis**; 5) **Lumpen**: 6) **Halbe Baffern**, und 7) **Baffern**, die allerschlechteste Art, welche man ordentlich wieder in die Pfanne wirfft".
[67] Vgl. Anm. 66.
[68] Vgl. *Zedler* (wie Anm. 34), Bd. 18, Graz 1982 (Reprint der Ausgabe Halle / Leipzig 1738), Sp. 497: „**Loth** […], ist ein kleines Gewichte, und der zwey und dreyßigste Theil eines gemeinen Pfundes"; mithin in diesem Fall beim Mainzer Pfund – 470,686 Gramm (wie Anm. 61) – ein Lot 14,7089375 Gramm.
[69] Vorlage: „*Applicinen*".
[70] Hausenblase; vgl. *Zedler*, Bd. 9 (wie Anm. 34), Sp.1029 f.: „**Fisch-Leim, Hausen-Blase** […], bestehet aus weissen und zusammen gewundenen Häuten, zu Cräntzen *formi*ret, hat einen schleimigt- und leimigten Geschmack und ist ohne Geruch; wird in Moscau von einem grossen Fische, so […], Teutsch **Hausen**, genannt […] zubereitet, und von dar über *Archangel* in Holland u. andere Länder verführet […]. […] Die beste Haus-Blase muß weiß, durchsichtig, und nicht gelb seyn […]. […] Die Köche brauchen sie zu denen Gallerten".
[71] Das damals in Mainz gebräuchliche Maß entspricht 1,6946 Liter; vgl. *Witthöft* (wie Anm. 10), S. 303.
[72] Nachdem Podolack vor dem Einkauf 30 fl. erhalten hatte, standen ihm jetzt noch 53 fl. 27 xr. zu, welche er durch einen Kanzleidiener bezahlt bekam. Der Einkauf für das Festessen hatte also den von Erthal an die Kanzlei gezahlten Zuschuß um 3 fl. 27 xr. überschritten.
[73] Im Königswahlprotokoll von 1774 ohne Vornamen aufgeführt, dieser aber in: Kurmainzischer Hof- und Stats-Kalender, Auf das Jahr MDCCLXXIV. Mit einem vollständigen Verzeichniße des Erzhohen Domkapitels, Auch aller, zum kurfürstl. Hofe und Kurstate gehörigen Dikasterien, Gerichtsstellen, und Aemter, Mainz o. J. [1773], S. 122.
[74] S. Abb. S. 28.
[75] In der Vorlage: „ChrIstIanIanI".

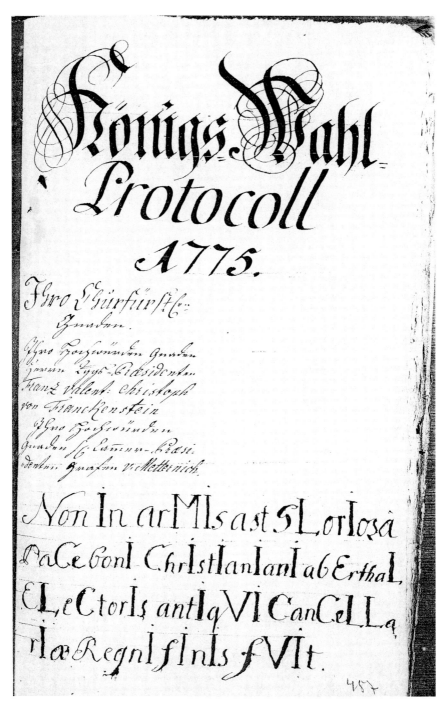

Einzige beschriebene Seite des letzten Königswahlprotokolls (vgl. Text S. 27).

(Nicht im Krieg, sondern im ruhmvollen Frieden, des christlichen Gutes, kam durch Erthal, des Kurfürsten, das Ende des alten Königreichs der Kanzlei.)

Die zeilenweise Addition der hervorgehobenen Buchstaben, die zugleich römische Zahlen sind, ergibt:

$$
\begin{aligned}
& I + M + I + L + I = 1 + 1000 + 1 + 50 + 1 && = 1053 \\
& C + I + C + I + I + I + L = 100 + 1 + 100 + 1 + 1 + 1 + 50 && = 254 \\
& L + C + I + I + V + I + C + C + L + L = 50 + 100 + 1 + 1 + 5 + 1 \\
& \qquad\qquad\qquad\qquad\qquad\qquad + 100 + 100 + 50 + 50 && = 458 \\
& I + I + I + I + V + I = 1 + 1 + 1 + 1 + 5 + 1 && = \underline{10} \\
& && 1775
\end{aligned}
$$

Vermutlich war der Schreiber der lateinischen Zeilen, der offensichtlich schon mit der Vorbereitung des neuen Königswahlprotokolls begonnen hatte – ähnlich wie bei früheren Protokollen wurde auf der linken Blatthälfte bereits mit der Auflistung der höchsten Würdenträger des Mainzer Hofs begonnen –, über die Entscheidung des neuen Erzbischofs so erzürnt, daß er das Wort „ChrIstIanI" versehentlich zu „ChrIstIanIanI" verlängerte, was bedeutet, daß sich bei der Addition der römischen Zahlen fälschlicherweise das Jahr 1776 ergibt.

Aschaffenburg im letzten Viertel des 18. Jahrhunderts, beschrieben in fünf 1783-1801 veröffentlichten Reiseberichten

Bemerkungen von Johann Matthäus Hassencamp, Johann Kaspar Riesbeck, Philipp Wilhelm Gercken, Christian Friedrich Gottlieb Thon und Carl Gottlob Küttner

War das 18. Jahrhundert insgesamt ein Zeitalter des Reisens[1], in dem neben entsprechenden Berichten sowohl zahlreiche theoretische Schriften über die richtige Art des Reisens als auch beschreibende über die zu besuchenden Stätten und Länder erschienen[2], so war gerade die mehr als ein Vierteljahrhundert währende Regierungs-

---

[1] Vgl. zunächst *Peter J. Brenner*, Auswahlbibliographie der Forschungsliteratur zur Geschichte des Reisens und des deutschen Reiseberichts, in: ders. (Hrsg.), Der Reisebericht. Die Entwicklung einer Gattung in der deutschen Literatur, Frankfurt am Main 1989, S. 508-538, bes. 508-511 u. 524-531, sowie u. a. *Klaus Laermann*, Raumerfahrung und Erfahrungsraum. Einige Überlegungen zu Reiseberichten aus Deutschland vom Ende des 18. Jahrhunderts, in: Hans Joachim Piechotta (Hrsg.), Reise und Utopie. Zur Literatur der Spätaufklärung, Frankfurt am Main 1976, S. 57-97, *William E. Stewart*, Die Reisebeschreibung und ihre Theorie im Deutschland des 18. Jahrhunderts (Literatur und Wirklichkeit, Bd. 20), Bonn 1978, *Wolfgang Griep*, Reiseliteratur im späten 18. Jahrhundert, in: Rolf Grimminger (Hrsg.), Deutsche Aufklärung bis zur Französischen Revolution (Hansers Sozialgeschichte der deutschen Literatur vom 16. Jahrhundert bis zur Gegenwart, hrsg. v. Rolf Grimminger, Bd. 3), München / Wien 1980, S. 739-764 u. 919-924, *Peter Boerner*, Die großen Reisesammlungen des 18. Jahrhunderts, in: Antoni Mączak u. Hans Jürgen Teuteberg (Hrsg.), Reiseberichte als Quellen europäischer Kulturgeschichte. Aufgaben und Möglichkeiten der historischen Reiseforschung (Wolfenbütteler Forschungen, Bd. 21), Wolfenbüttel 1982, S. 65-72, *Karol Sauerland*, Der Übergang von der gelehrten zur aufklärerischen Reise im Deutschland des 18. Jahrhunderts, in: Joseph P. Strelka u. Jörg Jungmayr (Hrsg.), Virtus et Fortuna. Zur deutschen Literatur zwischen 1400 und 1720. Festschrift für Hans-Gert Roloff zu seinem 50. Geburtstag, Bern / Frankfurt am Main / New York 1983, S. 557-570, *Harro Segeberg*, Die literarisierte Reise im späten 18. Jahrhundert. Ein Beitrag zur Gattungstypologie, in: Wolfgang Griep u. Hans-Wolf Jäger (Hrsg.), Reise und soziale Realität am Ende des 18. Jahrhunderts (Neue Bremer Beiträge, Bd. 1), Heidelberg 1983, S. 14-31, *Herbert Schwarzwälder*, Reisebeschreibungen über Norddeutschland. Verfasser – Entwicklung – geistiger Standort, in: ebd., S. 127-168, *Hans Erich Bödeker*, Reisen: Bedeutung und Funktion für die deutsche Aufklärungsgesellschaft, in: Wolfgang Griep u. Hans-Wolf Jäger (Hrsg.), Reisen im 18. Jahrhundert. Neue Untersuchungen (Neue Bremer Beiträge, Bd. 3), Heidelberg 1986, S. 90-110, *Jürgen Osterhammel*, Reisen an die Grenzen der Alten Welt. Asien im Reisebericht des 17. und 18. Jahrhunderts, in: Brenner (Hrsg.), S. 224-260, bes. S. 235-248 u. 254-260, *Hans-Wolf Jäger*, Reisefacetten der Aufklärungszeit, in: ebd., S. 261-283, *Albert Meier*, Von der enzyklopädischen Studienreise zur ästhetischen Bildungsreise. Italienreisen im 18. Jahrhundert, in: ebd., S. 284-305, *Helmut Peitsch*, Das Schauspiel der Revolution. Deutsche Jakobiner in Paris, in: ebd., S. 306-332, *Uwe Hentschel*, Die Reiseliteratur am Ausgang des 18. Jahrhunderts. Vom gelehrten Bericht zur literarischen Beschreibung, in: Internationales Archiv für Sozialgeschichte der deutschen Literatur 16,2 (1991) S. 51-83, *Jeremy Black*, The British abroad. The Grand Tour in the Eighteenth Century, Stroud / New York 1992, sowie *Horst W. Blanke*, Politische Herrschaft und soziale Ungleichheit im Spiegel des Anderen. Untersuchungen zu den deutschsprachigen Reisebeschreibungen vornehmlich im Zeitalter der Aufklärung, Bd. 1-2 (Wissen und Kritik, Bd. 6), Waltrop 1997, bes. Bd. 2, S. 1-27 u. 85-194.

[2] Vgl. zunächst *Johann Heinrich Zedler*, Grosses vollständiges Universal-Lexikon, Bd. 31, Graz 1961 (Reprint der Ausgabe Leipzig / Halle 1742), Sp. 366-385 (**"Reisen an fremde Orte, Wanderung, Wanderschafft,** *Peregrinatio,* Frantz. *Voyage.*"), dann *Justin Stagl*, Die Apodemik oder „Reisekunst" als Methodik der Sozialforschung vom Humanismus bis zur Aufklärung, in: Mohammed Rassem u. Justin Stagl (Hrsg.), Statistik und Staatsbeschreibung in der Neuzeit vornehmlich im 16.-18. Jahrhundert. Bericht über ein interdisziplinäres Symposion in Wolfenbüttel, 25. - 27. September 1978 (Quellen und Abhandlungen zur Geschichte der Staatsbeschreibung und Statistik, Bd. 1), Paderborn / München / Wien / Zürich 1980, S. 131-204, bes. S. 144 f., 168-171 u. 173-187, *Harald Witthöft*, Reiseanleitungen, Reisemodalitäten, Reisekosten im 18. Jahrhundert, in: B. I. Krasnobaev, Gert Robel u. Herbert Zeman (Hrsg.), Reisen und Reisebeschreibungen im 18. und 19. Jahrhundert als Quellen der Kulturbeziehungsforschung (Studien zur Geschichte der Kulturbeziehungen in Mittel- und Osteuropa, Bd. 6), Bremen 1980, S. 39-50, bes. S. 39-42 u. 47 f., *Justin Stagl*, Das Reisen als Kunst und als Wissenschaft (16.-18. Jahrhundert), in: Mitteilungen der Anthropologischen Gesellschaft Wien 111 (1981), S. 78-92, ders., *Klaus Orda* u. *Christel Kämpfer*, Apodemiken. Eine räsonnierte Biblio-

zeit des Mainzer Erzbischofs Friedrich Carl Joseph (1719-1802)[3] ein Abschnitt, der den Lesern im deutschsprachigen Raum eine Fülle von Reisebeschreibungen bescherte[4]. Für die Zeitgenossen waren Reiseberichte unterhaltend und konnten, wenn von wahrheitsliebenden und kundigen Autoren verfaßt, „ihren gantz guten Nutzen [...] in allen Arten der Geschichte" haben[5]. Diese in einem 1742 erschienenen Lexikonband angesprochene Bedeutung für den Bereich der Geschichte besitzen Reiseberichte natürlich auch, allerdings zumeist unter anderen Gesichtspunkten, für moderne Leser, denn besonders für die Orts- und Landesgeschichte erweisen sich derartige Quellen oft von großem Wert[6], da sie Aussagen, Beschreibungen oder Mitteilungen überliefern, die ansonsten der Nachwelt nicht bekanntgeworden wären[7]. Der Reisende, der als Betrachter von außen nur recht beschränkte Zeit an einem Ort

---

graphie der reisetheoretischen Literatur des 16., 17. und 18. Jahrhunderts (Quellen und Abhandlungen zur Geschichte der Staatsbeschreibung und Statistik, Bd. 2), Paderborn / München / Wien / Zürich 1983, *Hans-Bernd Spies*, Carl von Dalberg als Reiseratgeber. Eine von der Forschung unbeachtete Schrift des mainzischen Statthalters zu Erfurt, in: ders. (Hrsg.), Carl von Dalberg 1744-1817. Beiträge zu seiner Biographie (Veröffentlichungen des Geschichts- und Kunstvereins Aschaffenburg, Bd. 40), Aschaffenburg 1994, S. 60-83, bes. S. 70-83, sowie *Uli Kutter*, Zeller – Lehmann – Krebel. Bemerkungen zur Entwicklungsgeschichte eines Reisehandbuches und zur Kulturgeschichte des Reisens im 18. Jahrhundert, in: Wolfgang Griep u. Hans-Wolf Jäger (Hrsg.), Reisen im 18. Jahrhundert. Neue Untersuchungen (Neue Bremer Beiträge, Bd. 3), Heidelberg 1986, S. 10-33.

[3] Zu diesem, 1774-1802 Erzbischof von Mainz und Kurfürst des Reiches, vgl. oben, S. 7-16, den ihm gewidmeten biographischen Artikel.

[4] Vgl. *Griep* (wie Anm. 1), S. 739: „Das ‚Allgemeine Bücherlexikon' von Wilhelm Heinsius verzeichnet für die Zeit von 1700 bis 1810 unter dem Stichwort ‚Reise' und den verwandten Begriffen die relativ hohe Zahl von 483 Titeln, und mehr als 80 Prozent davon, nämlich 388 Werke, sind in der kurzen Spanne von dreißig Jahren, zwischen 1770 und 1809 erschienen. Während sich die Buchproduktion zwischen 1770 und 1800 etwas mehr als verdoppelt, verfünffacht sich also die Zahl der veröffentlichten Reisewerke." Vgl. auch *Stewart* (wie Anm. 1), S. 189 f. u. 303, sowie *Schwarzwälder* (wie Anm. 1), S. 130, wo Anzahl der Reisebeschreibungen für den norddeutschen Raum wie folgt zeitlich erfaßt: 15 im Zeitraum 1560-1599, 18 in den Jahren 1600-1649, 27 dann 1650-1699, 26 anschließend 1700-1749, mit 76 Reisebeschreibungen die meisten 1750-1799 und 72 schließlich im Zeitraum 1800-1845. Für den Zeitraum 1700-1810 wurden von Griep inzwischen mehr als 10000 Titel deutschsprachiger Reiseliteratur erfaßt; vgl. *Blanke* (wie Anm. 1), Bd. 2, S. 226.

[5] Vgl. *Zedler*, Bd. 31 (wie Anm. 2), Sp. 361 f.: „**Reisebeschreibung, Reisebuch**, Frantz. *Itineraire*, Lat. *Itinerarium*, oder ein solches Buch, darinnen man entweder seine eigene oder andere ihre Reisen beschreibet, und darinnen hauptsächlich erzählet, wenn und wie man von einem Orte zum andern gekommen, was einem an jedem merckwürdiges entweder begegnet oder zu Gesichte gekommen. Man hat die wahren von denen, so fingirte Reisen in sich fassen, wohl zu unterscheiden. Die ersteren, deren an Zahl gewiß nicht wenige im Drucke zum Vorschein gekommen, haben ihren gantz guten Nutzen, wenn sie von einem, der Wahrheit liebet und Wissenschafften besitzet, abgefasset worden sind, in allen Arten der Geschichte. Es sind aber dergleichen wenige vorhanden und die schlechten haben dagegen viele Fabeln in die Historie gebracht. Man darff sie also nicht ehe zur Ergäntzung der Historie gebrauchen, als biß man sie auf eben dem Probir-Stein, darauf man andere historische Bücher zu probiren hat, als gut und glaubwürdig befunden."

[6] Vgl. dazu beispielsweise *Horst Möller*, Landeskunde und Zeitkritik im 18. Jahrhundert. Die Bedeutung der Reisebeschreibung Friedrich Nicolais als regional- und sozialgeschichtliche Quelle, in: Hessisches Jahrbuch für Landesgeschichte 27 (1977), S. 107-134, sowie *Cornelius Neutsch*, Reisen um 1800. Reiseliteratur über Rheinland und Westfalen als Quelle einer sozial- und wirtschaftsgeschichtlichen Reiseforschung (Sachüberlieferung und Geschichte. Siegener Abhandlungen zur Entwicklung der materiellen Kultur, Bd. 6), St. Katharinen 1990, bes. S. 127-320 u. 394-433.

[7] Beispielsweise ist die Ausstattung des Kaisersaals von Schloß Johannisburg in Aschaffenburg – unmittelbar vor den 1774 beginnenden umfangreichen Umbau- und Renovierungsarbeiten im Innern des Schlosses – mit einer gemalten, von der Mitte des 14. Jahrhunderts bis in die 1770er Jahre reichenden Porträtfolge der Erzbischöfe von Mainz lediglich durch zwei Reiseberichte aus den Jahren 1764 und 1774 belegt; vgl. *Hans-Bernd Spies*, Schloß Johannisburg in Aschaffenburg – Eindrücke, Vergleiche und Fehlinformationen in Reiseberichten vom späten 15. bis ins frühe 19. Jahrhundert, in: Mainfränkisches Jahrbuch für Geschichte und Kunst 53 (2001), S. 30-59, dies. S. 37 ff. u. 55 ff.

verbrachte, sammelte während seines Aufenthaltes ganz persönliche Eindrücke[8] und schrieb sie vielleicht in Tagebuchaufzeichnungen, Briefen oder Reiseberichten nieder[9], wobei natürlich auch Fehleinschätzungen oder gar ihm bei Besichtigungen gemachte und von ihm als solche nicht erkannte Falschaussagen weitergegeben wurden[10].

Im letzten Viertel des 18. Jahrhunderts, in dem der Spessart erstmals als literarischer Handlungsort einer Räubergeschichte diente[11], kamen, wie in früherer Zeit auch[12], Reisende nach Aschaffenburg, die ihre Eindrücke in ganz persönlicher Art und Weise nicht nur zu Papier brachten, sondern sie außerdem veröffentlichten. Fünf unterschiedlich ausführliche Bemerkungen über Aschaffenburg in Reiseberichten, die innerhalb eines Zeitraumes von etwa 20 Jahren geschrieben und veröffentlicht wurden, werden hier zum Vergleich nebeneinandergestellt, um zu zeigen, wie diese mainzische Residenzstadt von verschiedenen Besuchern damals gesehen wurde.

Der erste Autor aus dieser Reihe war der bis zu seinem Lebensende in Rinteln als Professor für Mathematik und orientalische Sprachen sowie als Universitätsbibliothekar tätige Johann Matthäus Hassencamp (1743-1797)[13], der am Abend des 24. Juli 1782 von seiner Geburtsstadt Marburg aus gemeinsam mit zwei Begleitern in einem Pferdewagen abgefahren und am übernächsten Morgen, von Hanau über Dettingen kommend[14], in Aschaffenburg eingetroffen war, wo er sich nur kurz aufhielt und dann in Richtung Würzburg weitereilte. Von dort schrieb er am 28. Juli einem Empfänger in Rinteln einen ausführlichen Brief[15] und bemerkte darin folgendes über Aschaffenburg[16]:

„Den 26ten Jul. kamen wir gegen Morgen in Aschaffenburg an, einer kleinen aber niedlichen und volkreichen Chur-Maynzischen Stadt, welche am Mayn eine ange-

---

[8] So fand 1622 ein Besucher Schloß Johannisburg bequem ausgestattet, wohingegen gleichzeitig ein anderer vom Innern im Vergleich zur prachtvollen Außenansicht enttäuscht war; vgl. ebd., S. 32, 41 u. 45 f.
[9] Als Extremfall einer subjektiven Reisebeschreibung vgl. *Hans-Bernd Spies*, Kafka in Lübeck (1914), in: Der Wagen. Ein lübeckisches Jahrbuch 1990, S. 171-175, bes. S. 174 f.
[10] Vgl. dazu *Spies*, Schloß (wie Anm. 7), S. 36 f., 39, 55 f. u. 58.
[11] Vgl. *Hans-Bernd Spies*, „Die Räuber-Schenke", ein literarisches Wirtshaus im Spessart – Jahrzehnte vor Wilhelm Hauff, in: Mainfränkisches Jahrbuch für Geschichte und Kunst 50 (1998), S. 200-217.
[12] Vgl. *Hans-Bernd Spies*, Ein junger Norweger 1669 auf dem Weg durch den Spessart nach Italien: Hans Hansen Lilienskiold, in: Mitteilungen aus dem Stadt- und Stiftsarchiv Aschaffenburg (künftig: MSSA) 2 (1987-1989), S. 90-93, bes. S. 92, *ders.*, Der schwedische Orientalist Jacob Jonas Björnsthål in Aschaffenburg (1774), in: ebd., S. 211-218, bes. S. 213-218, sowie *ders.*, Schloß (wie Anm. 7), S. 30-39 u. 42-58.
[13] Zu diesem vgl. *[Gustav Moritz] Redslob*, Johann Matthäus Hassencamp, in: Allgemeine Deutsche Biographie, Bd. 10, Leipzig 1879, S. 762-763, sowie *Reinhard Müller*, Johann Matthäus Hassencamp, in: Deutsches Literatur-Lexikon. Biographisch-bibliographisches Wörterbuch, begr. v. Wilhelm Kosch (künftig: DLL), Bd. 7, hrsg. v. Heinz Rupp u. Carl Ludwig Lang, Bern / München ³1979, Sp. 473.
[14] Zu Hassencamps Reise von Marburg bis Aschaffenburg vgl. zusammenfassend *Hans-Bernd Spies*, Dettingen und die dortige Schlacht (1743) in deutschen Lexika und Reiseberichten (1748-1844), in: MSSA (wie Anm. 12) 7 (2002-2004), S. 18-28, dies S. 24.
[15] *[Johann Matthäus Hassencamp]*, Briefe eines Reisenden von Pyrmont, Cassel, Marburg, Würzburg und Wilhelmsbad, Bd. 2, Frankfurt am Main / Leipzig 1783, S. 93-118, Datierung S. 93. Bei den Texten aller fünf Reisebeschreibungen wurde die Originalrechtschreibung beibehalten, lediglich das J der Frakturschrift nach modernem Gebrauch als I bzw. J wiedergegeben; letzteres gilt auch für Literaturzitate.
[16] Ebd., S. 99 f.

nehme Lage und ein Fürstliches Schloß hat. Nicht weit davon befindet sich der Sommeraufenthalt des Churfürsten, der schöne Busch genannt, welcher den Nahmen mit der That haben soll; wir konnten ihn, weil er außer dem Wege lag, und wir eilig waren, nicht besehen. Von Aschaffenburg gieng nun unsere Reise über den Speshart, einen bekanntlich grossen und wilden Wald."

Während Hassencamp nur kurz und allgemein über Aschaffenburg schrieb, dabei lediglich das Schloß und den damals neugeschaffenen Park Schönbusch[17] erwähnte, äußerte sich der immer wieder in der Literatur über Reiseberichte dieser Zeit[18] genannte Johann Kaspar Riesbeck (1754-1786)[19] ausführlicher. Dieser, in Höchst am Main geboren, hatte nach dem Studium der Rechtswissenschaft zunächst vergeblich versucht, in den Dienst des Erzstiftes Mainz zu gelangen, dann ab 1775 Reisen unternommen, sich als Schauspieler und Schriftsteller betätigt, ehe er 1780 in Zürich eine Stelle als Zeitungsredakteur, Lektor und Übersetzer antrat; allerdings wurde er 1783 nach mehreren Auseinandersetzungen mit der Zensurbehörde ausgewiesen, worauf er sich bis zu seinem frühen Tod in Aarau niederließ und dort zunächst die „Briefe eines Reisenden Franzosen über Deutschland" vollendete, die im gleichen Jahr anonym, nur mit dem Namenskürzel K. R. eines angeblichen Übersetzers versehen, als zweibändiges Werk ohne Ortsangabe in Zürich erschienen[20] und sogleich ein großer Erfolg wurden, denn schon 1784 war eine Neuauflage im gleichen Verlag erforderlich, und 1790 erschien eine dritte Auflage in Wien[21]. Riesbecks fingierte Briefe über Deutschland – ausgehend von Stuttgart wurden nacheinander u. a. Augsburg, München, Salzburg, Passau, Linz, Wien, Dresden, Leipzig, Berlin, Hannover, Würzburg, Frankfurt am Main, Mainz und Köln aufgesucht – sind eine zusammenfassende Beschreibung seiner verschiedenen Reisen, enthalten aber, aufgrund der ihm zugänglichen Literatur, auch Berichte über Gegenden, die er selbst nicht gesehen hatte[22]. Im

---

[17] Zur frühen Geschichte des Parks Schönbusch vgl. *Werner Helmberger*, Entstehungsgeschichte des Schönbusch, in: Jost Albert u. ders., Der Landschaftsgarten Schönbusch bei Aschaffenburg (Beiträge zur Gartengeschichte und Gartendenkmalpflege, Bd. 1), Worms 1999, S. 11-44 u. 85-87, sowie *Jost Albert*, Prinzipien und Eigenarten der Parkgestaltung, in: ebd., S. 45-73 u. 87-90.

[18] Vgl. z. B. *Laermann* (wie Anm. 1), S. 83 f. u. 96, *Griep* (wie Anm. 1), S. 753 f., 756 u. 922, *Sauerland* (wie Anm. 1), S. 567 f., *Segeberg* (wie Anm. 1), S. 29, *Schwarzwälder* (wie Anm. 1), S. 160 f., *Bödeker* (wie Anm. 1), S. 101, *Jäger* (wie Anm. 1), S. 273 u. 282, *Neutsch* (wie Anm. 6), S. 161, 262 f., 295, 300, 304, 363, 401, 421 u. 429 f., *Walter Weber*, Von Wirtshäusern, Reisenden und Literaten. Eine kleine Chronique scandaleuse des Wirtshauslebens, in: Hermann Bausinger, Klaus Beyrer u. Gottfried Korff (Hrsg.), Reisekultur. Von der Pilgerfahrt zum modernen Tourismus, München 1991, S. 82-90 u. 363-364, dies S. 86 u. 364, *Hentschel* (wie Anm. 1), S. 56 u. 61, *Françoise Knopper*, Der „reisende Franzose". Bemerkungen über einen verdeckten französisch-deutschen Dialog, in: Hans-Wolf Jäger (Hrsg.), Europäisches Reisen im Zeitalter der Aufklärung (Neue Bremer Beiträge, Bd. 7), Heidelberg 1992, S. 47-53, dies S. 47-50 u. 52 f., sowie *Blanke* (wie Anm. 1), Bd. 1, S. 47, 195, 387, 390 f., 403, 406, 418, 420-424, 474 u. 523.

[19] Zu diesem vgl. *Rudolf Schäfer*, Johann Kaspar Riesbeck, der „reisende Franzose" aus Höchst. Sein Leben, sein Werk, seine Zeit (Höchster Geschichtshefte, Heft 1a), Frankfurt am Main ²1971, sowie *Anke Hees*, Johann Kaspar Riesbeck, in: DLL (wie Anm. 13), Ergänzungsbd. 6, hrsg. v. Hubert Herkommer u. Carl Ludwig Lang, Bern / München ³1999, Sp. 559.

[20] *[Johann Kaspar Riesbeck]*, Briefe eines Reisenden Franzosen über Deutschland An seinen Bruder zu Paris. Uebersetzt von K. R., Bd. 1-2, o. O. [Zürich] 1783. Das Vorwort, Bd. 1, S. III-XIV, hat am Schluß die fiktive Datierung „Paris, faubourg St. Michel, rue *d'Enfers*, vis à vis du Noviciat des Feuillans, dit *les Anges*. Decemb. 18. 1782."

[21] Vgl. *Blanke* (wie Anm. 1), Bd. 2, S. 169.

[22] Vgl. *Schwarzwälder* (wie Anm. 1), S. 160 f.

62. seiner insgesamt 73 Reisebriefe heißt es über die Anreise nach und den Aufenthalt in Aschaffenburg[23]:

„Auf meinem Weg hieher[24] kam ich durch den Spessart, die dikste Waldung, durch die ich noch in Deutschland auf einer ordentlichen Strasse gekommen bin. In neun Stunden Wegs sah ich nur ein einziges Dorf und ein Jagdhaus. Alles übrige war fast ununterbrochenes Gehölze und guten Theils auch Gebirge. Dessen ungeachtet ist die Strasse vortreflich, und der Kurfürst von Mainz, dem der größte Theil dieser Holzung zugehört, hält sie auch von Räubern sehr rein. Seit 20 Jahren weiß man kaum zwey Beyspiele, daß jemand in dieser schauerlichen Waldung wäre angefallen worden. Sie ist jezt so sicher, daß man ohne alles Bedenken sogar in der Nacht durchreiset. Zu Aschaffenburg, einem hübschen, lustigen Städtchen, liegen immerfort gegen 30 Husaren, welche zu gewissen Zeiten den Spessart durchreisen, um ihn wegen verdächtigem Gesindel zu säubern[25]. Wenn alle Deutsche Fürsten ihre Handvoll stehende Truppen zu dieser Bestimmung gebrauchten, so hätte man nichts gegen die Militärsteuern und die gewaltthätigen Werbungen der Söhne ihrer Bauern einzuwenden.
Die schöne und gesunde Lage reizte mich, zu Aschaffenburg einige Rasttäge zu machen. Gegen Osten und Norden zieht sich der Spessart in einiger Entfernung in einem Halbzirkel um diese Stadt, und dekt die weite Ebene, welche sie auf ihrer Anhöhe gegen Süden und Westen hin beherrscht, gegen die rauhen Winde. Die Gegend um die Stadt ist ungemein fruchtbar. Besonders trägt sie eine ungeheure Menge gutes Obst. Man macht aus gewissen Gattungen von Aepfeln einen Wein, den nur eine feine Kennerzunge von dem ächten Wein unterscheiden kann[26]. Er ist schon als geringer Rheinwein nach Norden geführt worden, und ich hab hier Obstwein gekostet, der seine 7 Jahre alt war, sein Feuer hatte[27], aber auch mit 24 Kreutzer[28], die Maaß[29], bezahlt werden mußte, um welchen Preiß man hier auch einen ziemlich guten Rebenwein haben kann[30].

---

[23] Druck des 62. Reisebriefes: *Riesbeck* (wie Anm. 20), Bd. 2, S. 381-395, Zitat S. 381-384.
[24] Riesbecks 62. Reisebrief ist undatiert, aber zu Beginn mit der Ortsangabe „Frankfurt" versehen.
[25] Zu dem 1764 eingerichteten Husarenkorps und dessen Einsatz für Sicherheitsaufgaben vgl. *Herbert Bald* (Text) u. *Rüdiger Kuhn* (Bild), Die Spessarträuber. Legende und Wirklichkeit, Würzburg ²1991, S. 68 f. u. 89. Husaren zählten zur leichten Reiterei; vgl. *Zedler* (wie Anm. 2), Bd. 13, Graz 1961 (Reprint der Ausgabe Leipzig / Halle 1735), Sp. 1285: „**Hussaren** oder **Husaren** u. Lat. *Huszarones*, ist eine Art Ungarischer u. Croatischer leichter Reuterey, welche gemeiniglich zum Partheygehen und Nachhauen gebrauchet werden."
[26] Es handelt sich bei dieser Bemerkung entweder um bewußte Fehlinformation oder um Ironie, da Apfelwein sich deutlich von dem aus Reben gewonnenen unterscheidet.
[27] Vgl. unten Anm. 92.
[28] 60 Kreuzer (kr.) kamen, wie durch die Reichsmünzordnung von 1559 festgelegt, auf einen Gulden (fl.); vgl. *Friedrich Freiherr von Schrötter*, Gulden. 1. Deutsche Gulden, in: ders. (Hrsg.), Wörterbuch der Münzkunde, Berlin / Leipzig 1930, S. 245-246, dies S. 245.
[29] Die damals in Aschaffenburg gebräuchliche Maß, ein Hohlmaß für Flüssigkeiten, entspricht 1,9803 Liter; vgl. *Michael Streiter*, Das wahrscheinlich der teutschen Nation angehörende Urmaaß. Aufgefunden in dem Fürstenthume Aschaffenburg und verglichen mit dem französischen Maaße, Aschaffenburg 1811, Tab. IX.
[30] Zum Vergleich: 1785/86 konnte man in Aschaffenburg für 24 Kreuzer gut 8 kg Schwarzbrot kaufen; vgl.: Landesherr und Weißbrotpreis (1795), unten S. 93-95, dies S. 94. Für dieses Geld war im Februar/März 1786 rund 1,5 kg Schweinefleisch oder 2 kg Kalbfleisch zu bekommen; vgl. Aschaffenburger Fleischtaxe vom 7. Februar 1786, in: Aschaffenburger privilegirtes Intelligenzblatt 1786, Nr. 10 (11. März), S. [4]: Ochsenfleisch 7 1/2, Kalb- und Hammelfleisch 6 und Schweinefleisch 8 Kreuzer „das Pf. schwer Gew." – ein Pfund des Aschaffenburger Schwergewichts = 505,3107698 g; vgl. *Streiter* (wie Anm. 29), Tab. XI.

Die Regierung muntert die Einwohner auf, die Vortheile dieser Lage so viel als möglich zu benutzen. Man hat Maulbeerbäume gepflanzt, und schon einige glükliche Versuche mit der Seidenraupenzucht gemacht[31]. Jenseits des Mains, der Stadt grade gegenüber, zieht sich eine schöne grade Allee[32] durch die unübersehbare Ebene. In dieser Allee fand ich ein vortrefliches Denkmal aus dem sechszehnten Jahrhundert[33]. Ein alter Deutscher Ritter[34] kniet in Lebensgrösse und in seiner völligen Rüstung vor einem Kreuzbild, zu dessen Füssen er seinen Helm niedergelegt hat. Das Ganze hat eine ungezwungene Pyramidenform, deren Spitze das Kreuz, die Nebenseiten aber der Ritter und seine Haube auf die leichteste und ungesuchteste Art machen. Es fällt vortreflich ins Auge, und ist auch sehr gut ausgearbeitet. Besonders ist der Kopf des Ritters voll Ausdruk. Ich will es nicht der Regierung oder den sämtlichen Einwohnern von Aschaffenburg zur Last legen, daß man dieses schöne Denkmal auf die infamste Art verstümmelt hat. Du weißt, daß die alten Ritterrüstungen anstatt des Hosenlatzes einen grossen runden Knopf haben, um der Mannheit Raum zu lassen[35]. Nun muß ein Grillenfänger[36] oder eine Grillenfängerin diesen Knopf ärgerlich gefunden haben: Kurz, man hat ihn mit einem groben Meisel weggeschlagen. Das Uebel ist nun gewiß ärger; denn manchen wäre der Knopf gar nicht aufgefallen, weil man ihn an allen ähnlichen Abbildungen zu sehen gewohnt ist: Nun gehen aber die groben Meiselhiebe so tief und eckigt in den Körper hinein, daß sie jedermanns Augen auf sich heften, und die Phantasie zum weitern Eindringen in die Mitte des Ritters reitzen müssen. Dieser unbesonnene Keuchheitseifer sticht mit den Sitten der Einwohner der Stadt stark ab. Der Hosenknopf trug gewiß nichts dazu bey, daß die hiesigen Mädchen so schmachtend sind, und man an den Sonn- und Feyertägen in den öffentlichen Wirthshäusern beyde Geschlechter auf die bunteste und ungezwungenste Art durch einander gemischt sieht."

---

[31] Die 1773-1775 angelegte Kleine Schönbuschallee war zunächst mit 788 Maulbeerbäumen bepflanzt worden; vgl. *Helmberger*, Entstehungsgeschichte (wie Anm. 17), S. 11 u. 85, sowie *Albert* (wie Anm. 17), S. 49 u. 88. Vgl. *Jakob May*, Beschreibung und Geschichte der königlichen Schlösser und Lustgärten von Würzburg, Aschaffenburg, Veitshöchheim, Werneck und Bad Brückenau im Unter-Main-Kreise des Königreich's Bayern, Würzburg 1830, S. 113: „In den erstern Jahren seiner Anlage führte eine Maulbeerbaum-Allee von Aschaffenburg nach dem Schönbusche; dieselbe diente zur Beförderung der Seidenzucht, für welche sich die damalige Kurmainzische Regierung interessirte."

[32] Kleine Schönbuschallee.

[33] Das Denkmal stammt nicht aus dem 16., sondern aus dem 17. Jahrhundert, denn es wurde 1628 errichtet; vgl. *Winfried von Borell*, Wer war Johann Walter von Kerpen?, in: Aschaffenburger Jahrbuch für Geschichte, Landeskunde und Kunst des Untermaingebietes (künftig: AJb) 11/12 (1988), S. 263-285, dies S. 263.

[34] Bei dem Dargestellten handelt es sich um den Johanniterordensritter Johann Walter von Kerpen (um 1602-1627), der am 6. Februar 1627 an der Stelle, wo im folgenden Jahr das Denkmal errichtet wurde, von zwei Begleitern ermordet worden war, worauf er am 12. Februar 1627 in Lohr bestattet wurde; vgl. *Borell* (wie Anm. 33), S. 263 f. Zu Johann Walter von Kerpen und seiner Ermordung vgl. ebd., S. 265 f., 270-278 u. 280-285.

[35] Die damit von Riesbeck gemeinte Schamkapsel war nur eine Modeerscheinung des 16. Jahrhunderts und zum Zeitpunkt der Errichtung des Kerpen-Denkmals nicht mehr gebräuchlich; vgl. *Ruth Klein*, Lexikon der Mode. Drei Jahrtausende europäischer Kostümkunde, Baden-Baden 1950, S. 319, sowie *Max von Boehn*, Die Mode, Bd. 2: Menschen und Moden im 16. Jahrhundert, München ²1964, S. 107 f. („Fast das ganze Jahrhundert hindurch muß das Beinkleid durch den Latz, den es aufwies, geradezu monströs ausgesehen haben. Die Schamkapsel wurde in der Größe eines Kinderkopfes gebildet und zu einer aufrechten Form ausgestopft [...]. Unnötig zu betonen, daß eine solche Erfindung aus Frankreich stammte. Aufgenommen wurde die Mode freilich überall, sie macht sich sogar bei den Rüstungen geltend und sie hat sich bis gegen Ende des Jahrhunderts behauptet.")

[36] Vgl. *Jacob Grimm* u. *Wilhelm Grimm*, Deutsches Wörterbuch, Bd. 4, Abt. 1, Tl. 6, bearb. v. Arthur Hübner u. Hans Neumann, Leipzig 1935, Sp. 326 f.: Mensch, „der phantastische, wunderliche einfälle hat und sich dementsprechend aufführt", auch „griesgram, murrkopf, hypochonder".

Denkmal für den ermordeten Johann Walter von Kerpen (um 1602-1627) in der Kleinen Schönbuschallee – Aufnahmen: Hans-Bernd Spies –; nur die Sockelinschrift stammt noch vom 1628 aufgestellten Original, wohingegen es sich bei Ritterfigur und Kruzifix um 1931 von Otto Gentil (1892-1969) angefertigte rekonstruierende Kopien handelt; vgl. *Helmberger*, Schloß (wie Anm. 38), S. 35. Zum Künstler, der die Kopien anfertigte, vgl. *Ingrid Jenderko-Sichelschmidt*, Otto Gentil zum 100. Geburtstag, in: Brigitte Schad (Hrsg.), Otto Gentil (1892-1969). Plastik und Malerei (Forum Aschaffenburg, Heft 6), Aschaffenburg 1993, S. 13-29.

Obwohl er sich nach eigenen Worten mehrere Tage in Aschaffenburg aufgehalten hatte, sind Riesbecks Bemerkungen über die Stadt wenig genau, lediglich dem Kerpen-Denkmal widmete er eine ausführliche Beschreibung mit ironischem Kommentar. In welchem Jahr er in Aschaffenburg war, geht aus seinem 62. Reisebrief nicht hervor, auch die anderen Briefe helfen in dieser Hinsicht nicht weiter, zumal bis auf die ersten vier keiner datiert ist[37]. Sein Aschaffenburg-Besuch muß jedenfalls in die Zeit vor seiner Tätigkeit in Zürich fallen, also vor 1780. Wenngleich der Hinweis auf die Beschädigung des Kerpen-Denkmals unrichtige Angaben enthält, so verhilft er doch dazu, Riesbecks Aufenthalt in Aschaffenburg, das von seinem Geburtsort Höchst am Main bzw. auch von Mainz für ihn leicht zu erreichen gewesen war, genauer einzugrenzen, denn 1778 war das Denkmal nicht nur von einer Alleeseite auf die andere, seinen heutigen Standort, versetzt, sondern außerdem restauriert worden[38]. Demnach gibt Riesbecks Beschreibung den Zustand vor diesem Zeitpunkt wieder[39]. Vermutlich hatte er Aschaffenburg letztmals am Anfang seiner 1775 beginnenden Reisezeit besucht; dafür spricht auch seine Erwähnung der Maulbeerbäume, mit denen die Allee damals bepflanzt war.

Die genaueste Beschreibung Aschaffenburgs in einem Reisebericht des ausgehenden 18. Jahrhunderts lieferte der aus Salzwedel stammende, ab 1776 in Frankfurt am Main und zuletzt ab 1785 in Worms lebende Privatgelehrte Philipp Wilhelm Gercken (1722-1791)[40], der in Halle und Leipzig Geschichte und Rechtswissenschaft studiert hatte. Im zweiten Teil seines den Reisen gewidmeten umfangreichen Werkes[41] erwähnte er die Stadt zum Abschluß der Schilderung seines Weges von Wertheim[42] über Miltenberg und Obernburg[43] dorthin nur kurz[44]:

„Eine große Krümme, die der Mayn nahe vor Aschaffenburg macht, verursacht, daß man diesen Ort, der mit dem schönen hohen Schloß so nahe vor Augen liegt, erst

---

[37] Vgl. *Riesbeck* (wie Anm. 20), Bd. 1, S. 1 („Stuttgard den 3. April. 1780."), 5 („Stuttgard den 8. April 1780."), 19 („Stuttgard den 14. April. 1780.") u. 30 („Stuttgard den 20. May. 1780.").

[38] 1844 wurde das Denkmal erneut restauriert und schließlich 1931 oberhalb des Sockels durch eine Kopie ersetzt; vgl. *Werner Helmberger*, Schloß und Park Schönbusch Aschaffenburg. Amtlicher Führer, München 1991, S. 35.

[39] Riesbeck beschrieb also das Denkmal nach dessen gewaltsamer Beschädigung und vor dessen erster Restaurierung und nicht, wie von *Borell* (wie Anm. 33), S. 278 f., aufgrund des Erscheinungsjahrs der Reisebriefe angenommen, nach dieser Restaurierung und nach einer erneuten Beschädigung.

[40] Zu diesem und zur Bedeutung seiner Reisebeschreibung vgl. *Reinhard Müller*, Philipp Wilhelm Gercken, in: DLL (wie Anm. 13), Bd. 6, hrsg. v. Heinz Rupp u. Carl Ludwig Lang, Bern / München ³1978, Sp. 227, *Bödeker* (wie Anm. 1), S. 97 („ein, allerdings besonders pedantischer, Reiseschriftsteller") u. 107, *Neutsch* (wie Anm. 6), S. 33, 36, 195, 218, 249, 252 f., 264, 284, 296, 300 f., 360, 375, 408, 412, 416, 422, 424 u. 428 f., sowie *Blanke* (wie Anm. 1), Bd. 1, S. 76, 174, 406 u. 413.

[41] *Philipp Wilhelm Gercken*, Reisen durch Schwaben, Baiern, die angränzende Schweiz, Franken, die Rheinische Provinzen an der Mosel &c. in den Jahren 1779-1783, nebst Nachrichten von Bibliotheken, Handschriften, Archiven, Röm. Alterthümern, Polit. Verfassung, Landwirthschaft und Landesproducten, Fabriken, Manufacturen, Sitten, Kleidertrachten, Sprache &c. m. K., Tl. 2: von Salzburg, dem an Schwaben gränzenden Theil der Schweiz, Niederbaiern und Franken, Stendal 1784.

[42] Ebd., S. 450: „Von Wertheim nach Aschaffenburg werden 12 gute Stunden gerechnet." Auf die Wiedergabe der nicht unbedingt konsequent angewandten Halbfett-Hervorhebungen in Gerckens Druck wird hier, abgesehen von den Zwischenüberschriften, bei allen Zitaten verzichtet.

[43] Ebd., S. 452: „Bey diesem Orte hört der Weinbau gänzlich auf, die beiderseitigen Ufer werden von hier flach, so bis Aschaffenburg fortgeht."

[44] Ebd., S. 453.

vorüberfahren muß, und alsdenn erst wieder gerade darauf zufährt. Doch hier muß ich für diesesmal nach meinem vorgesetzten Plan mit der Beschreibung von Franken abbrechen[45], und im dritten und letzten Theile von diesem Orte, den Ihro Churfürstl. Gnaden von Maynz seit ihrer Regierung zu ihrem Sommeraufenthalt erwählet, und durch viele trefliche Anlagen in dem besten Geschmack in- und ausserhalb verschönert haben, die Beschreibung nach Würden mir vorbehalten."

Nicht wie angekündigt im dritten, sondern erst im vierten und zugleich letzten Teil folgte 1788 Gerckens ausführliche und, wie aus ihr hervorgeht, den Stand von Herbst 1785 wiedergebende Aschaffenburg-Beschreibung[46]:

"Aschaffenburg.

Ungeachtet die Gegend schon hoch und etwas gebürgigt ist, so liegt die Stadt doch ziemlich niedrig. Wenn man von Hanau kömmt, sieht man nur die Thürme vom Schloß, obwohl solches weit höher wie die Stadt liegt, wenn man aber von Miltenberg kömmt, so fällt sie recht gut in die Augen. Ihre Lage ist unregelmäßig, die Straßen gehen bald in die Höhe, bald wieder tief herunter, die auch damals zum Theil noch schlecht, vermuthlich aber jetzo besser gepflastert sind[47], weil der Kurfürst zur Verschönerung der Stadt alles beiträgt. Die Stadt mag ungefähr 600 Häuser[48] und 4000 Einwohner[49] begreifen, sie ist auch in etlichen Gegenden ziemlich volkreich und

---

[45] Im Anschluß an das Zitat folgt ebd., S. 453-461, die so angekündigte und folgendermaßen eingeleitete Beschreibung: „Ich bin also nur noch schuldig, über die natürliche Beschaffenheit von Franken, über Ackerbau, Weinbau, Viehzucht, Sitten, Kleidertrachten, Sprache &c. einige allgemeine Anmerkungen mitzutheilen, die ich hier gleich vorlege, und damit den II. Theil beschließe."

[46] *Philipp Wilhelm Gercken*, Reisen [...] Provinzen, und an der Mosel &c. in den Jahren 1779-1787, [...] Sitten &c., m. K., Tl. 4: von der Reichsstadt Frankfurt am Mayn, Homburg, Darmstadt, Hanau, Aschaffenburg, Gelnhausen & c., Worms 1788, S. 353-361. Als Gercken diesen vierten Teil herausgab, war er schwer erkrankt, wie aus seinem in Worms am 28. Februar 1788 datierten Vorwort, ebd., S. [III]-[VI], hervorgeht, in dem er S. [IV] hinsichtlich des Fortlassens angekündigter Abschnitte entschuldigend bemerkte, „daran ist ein schwere Nervenkrankheit schuld, die mich gleich nach dem Anfange des Abdrucks dieses IV. Theils angefallen, und mich verhindert hat, die Anmerkungen, die ich in letzt vergangnen Sommer auf meiner Reise nach Straßburg &c. und durch die Baadensche Länder gemacht habe, in Ordnung zu bringen, und zum Druck anzufertigen. Sie sind aber wider meinen Willen zurück geblieben, und werden vielleicht noch in einem kleinen Supplementbande nebst einem Register über alle IV. Theile folgen, dafern meine Gesundheitsumstände wieder besser werden. Ueberhaupt würde ich auch manche Stellen und Anmerkungen besser angeordnet, und im Stil und Ausdruck mehr die Feile gebraucht haben, dafern nicht dieser böse Vorfall mich unvermuthet so weit zurückgesetzt hätte, weswegen ich also um Nachsicht bitte."

[47] Daran hatte sich auch 1799 nichts geändert; vgl. unten S. 48 die Bemerkung Thons.

[48] Im Frühjahr 1805 hatte Aschaffenburg 687 Gebäude, von denen 637 bereits mit Hausnummern versehen waren, wie aus einem sich auf einen Bericht des Stadtamtes Aschaffenburg vom 23. April 1805 beziehenden Schreiben des Vizedomamtes Aschaffenburg (undatiertes Konzept mit Expeditionsvermerk 25. April 1805) an die Landesregierung – Staatsarchiv Würzburg, Aschaffenburger Archivreste, 8/XVII, Nr. 4 – hervorgeht.

[49] Diese Schätzung dürfte zutreffend sein, denn 1802, als Aschaffenburg schon einige Jahre Hauptresidenz war, hatte die Stadt nach amtlicher Zählung 5886 Einwohner; vgl. nachstehende Einwohnertabelle – aufgestellt am 23. November 1802, durch Stadtschreiber Tempel beglaubigte Abschrift einer von Stadtschultheiß Leo unterzeichneten Vorlage –, Staatsarchiv Würzburg, Mainzer Polizeiakten, 2079:

	Männer	Frauen	Kinder männlich	Kinder weiblich	Ledige männlich	Ledige weiblich	Summe
Aschaffenburg	1142	1159	1120	1132	604	729	5886
Damm	138	157	212	211	31	57	806
	1280	1316	1332	1343	635	786	6692

nahrhaft. Das Kollegiatstift zu St. Peter und Alexander[50] liegt ziemlich hoch, und hat reiche Einkünfte[51], die mehresten Kapitularen sind auch von Adel[52]. Es bestehet aus einem Probst, so der Kurfürst selbst[53], Dechant, Scholaster, Sänger, und Kustos[54], nebst 14 Kapitularen und 12 Domicellaren[55], die ersten 4 Präbenden sollen auf 2000 fl. eintragen[56]. Vormals war hier auch ein Jesuiter-Kollegium[57].
Die Grafen von Schönborn haben einen ansehnlichen Hof in der Stadt[58], wozu viele Landgüter, Weinberge und Hölzungen gehören. Noch ein anderer Hof gehört, wenn ich nicht irre, den Grafen von Ostein[59].
[…][60]

---

[50] Es wurde während des Zeitraums 947-957 gegründet; vgl. *Hansmartin Decker-Hauff*, Die Anfänge des Kollegiatstifts St. Peter und Alexander zu Aschaffenburg, in: AJb (wie Anm. 33) 4 (1957), S. 129-151, dies S. 142. Kollegiatstift = Kollegium in Gemeinschaft lebender und den Gottesdienst an der entsprechenden Kirche verrichtender Kleriker, die ihren Unterhalt aus einer durch Stiftung(en) zusammengekommenen Vermögensmasse, die in Präbenden aufgeteilt sein kann, beziehen; vgl. *Johann Hirnsperger*, Stift, in: Lexikon für Theologie und Kirche, hrsg. v. Walter Kasper, Bd. 9, Freiburg / Basel / Rom / Wien ³2000, Sp. 1001-1002.

[51] Zur Entwicklung des Besitzes des Stiftes St. Peter und Alexander vgl. *Wiltrud Fischer-Pache*, Wirtschafts- und Besitzgeschichte des ehemaligen Kollegiatstifts St. Peter und Alexander zu Aschaffenburg bis zum Ausgang des 14. Jahrhunderts (Veröffentlichungen des Geschichts- und Kunstvereins Aschaffenburg, Bd. 35), Aschaffenburg 1993, S. 57-85 u. 117-371.

[52] Im Herbst 1785 waren von den 28 Kanonikern des Stiftes 18 Kapitulare, von diesen waren zwölf, von den restlichen zehn Kanonikern waren acht adlig; vgl. *August Amrhein*, Die Prälaten und Canoniker des ehemaligen Collegiatstifts St. Peter und Alexander zu Aschaffenburg, Würzburg 1882, S. 186, 189, 193, 197, 203, 208, 212, 214 f., 218, 222, 225, 229, 234, 238, 241, 245, 248, 252, 257, 261, 264, 268 f., 272, 281, 284, 289, 294 u. 297. Zu den genannten Begriffen vgl. Anm. 55.

[53] Das Amt des Stiftspropstes, der das Kapitel in allen weltlichen Angelegenheiten vertrat, wurde 1588 mit dem des Erzbischofs von Mainz vereinigt; vgl. ebd., S. 45 ff. u. 77, *Friedrich Merzbacher*, Betrachtungen zur Rechtsstellung des Aschaffenburger Stiftes St. Peter und Alexander im Mittelalter, in: AJb (wie Anm. 33) 4 (1957), S. 299-320, dies S. 305-308, sowie *Fischer-Pache* (wie Anm. 51), S. 35 f.

[54] Der Dekan war das geistliche Haupt des Stifts und hatte den Vorsitz in den Kapitelssitzungen, der Scholaster war sein Vertreter und leitete die Stiftsschule, der Sänger oder Kantor war für den Chorgesang beim Gottesdienst zuständig, und der Kustos war Aufseher über die Kirche und ihr Inventar; vgl. *Amrhein* (wie Anm. 52), S. 41 u. 47-52, *Merzbacher* (wie Anm. 52), S. 308 ff., sowie *Fischer-Pache* (wie Anm. 51), S. 38-42.

[55] Diese Angabe stimmt nicht, denn das Stift hatte gewöhnlich 28 Kanoniker, nämlich 18 Kapitulare, die Sitz und Stimme im Stiftskapitel hatten, und zehn einfache Kanoniker oder Domizellare, also Anwärter auf einen Sitz im Kapitel, die ebenfalls Einkünfte aus Pfründen bezogen; vgl. *Amrhein* (wie Anm. 52), S. 9 u. 43 ff.

[56] Die Einkünfte der Kapitulare betrugen damals ungefähr 1897 fl. 16 kr., die des Dekans 4213 fl. 43 kr. und die des Scholasters 5261 fl. 30 kr.; vgl. *Amrhein* (wie Anm. 52), S. 37.

[57] Die Aschaffenburger Jesuitenniederlassung war 1612 gegründet worden, 1619-1621 wurde die Jesuitenkirche gebaut, 1620 mit dem Schulunterricht begonnen und 1625 die Niederlassung in den Rang eines Jesuitenkollegs erhoben, das 1773 aufgehoben wurde; vgl. *Herbert Gerl*, Die Jesuitenniederlassung in Aschaffenburg, in: AJb (wie Anm. 33) 4 (1957), S. 661-684, dies S. 663 f. u. 680 ff. Zum Anwesen der Jesuitenniederlassung – Pfaffengasse Nr. 22, 24 und 26 – und ihren Bauten, vor allem Jesuitenkolleg und Jesuitenkirche und deren Geschichte, vgl. *Alois Grimm*, Aschaffenburger Häuserbuch II. Altstadt zwischen Dalbergstraße und Schloß, Mainufer – Mainbrücke – Löherstraße (Veröffentlichungen des Geschichts- und Kunstvereins Aschaffenburg, Bd. 34), Aschaffenburg 1991, S. 169-209.

[58] Zur Baugeschichte des ab 1676 errichteten Schönborner Hofs – Wermbachstraße Nr. 15 – vgl. *ders.*, Aschaffenburger Häuserbuch III. Stadtgebiet zwischen Sandgasse, Roßmarkt, Betgasse und Wermbachstraße mit Nebengassen (Veröffentlichungen des Geschichts- und Kunstvereins Aschaffenburg, Bd. 41), Aschaffenburg 1994, S. 84-111.

[59] Zur Geschichte des um 1700 errichteten und nach Kriegszerstörung (1944/45) 1967 völlig beseitigten Osteiner Hofs – Dalbergstraße Nr. 78 – vgl. *ders.*, Aschaffenburger Häuserbuch [I]. Dalbergstraße – Stiftsgasse – Fischerviertel (Veröffentlichungen des Geschichts- und Kunstvereins Aschaffenburg, Bd. 27), Aschaffenburg 1985, S. 267-272.

[60] Ausgelassen wurde eine Bemerkung über die an dem 1777 abgebrochenen Töngesturm – zu diesem vgl. ebd., S. 52-55 – angebrachte Inschrift; Abbildung mit Übertragung bei *Karl Dinklage*, Burg und Stadt Aschaffenburg bis zum Ausgang des 14. Jahrhunderts, in: AJb (wie Anm. 33) 4 (1957), S. 49-73, dies S. 61 f.

Das jetzige Kurfürstliche Schloß[61] liegt hart an dem Mayn, von allen Seiten ganz frei, und ist im Viereck von lauter rothen Quadersteinen sehr solide gebaut, davon jede Ecke ein starker viereckigter Thurm 6 Stockwerk hoch schließt[62], worin die schönsten Zimmer sind. Die 4 Facaden des Schlosses selbst sind nur 3 Stockwerk hoch. Diese 4 Thürme würden auswärts ein regelmäßiges Ansehen dem Schlosse gegeben haben, aber ein noch weit stärkerer Thurm an der Seite, wo man von Hanau kömmt, macht hierin einen Mißstand[63]. In dem innern regulairen Schloßplatz enthält in jeder Ecke ein kleiner Thurm die Treppe von der Hofseite; von aussen aber sind 3 Einfahrten, davon die eine ganz neu mit Säulen und einer neuen sehr bequemen Treppe vom jetzigen Kurfürsten angelegt ist, wie überhaupt, Treppen, Zimmer, Fenstern &c. alles zusammen moderne eingerichtet, und fast das ganze Schloß inwendig verändert ist[64]. Man findet darin die schönsten Zimmer, ganze Seiten, so daß über 10 Zimmer in einer Reihe folgen, und eine Einrichtung, so besser, wie im Schlosse zu Maynz[65] ist. Alles ist herrlich meubliret nach dem neuesten Geschmack, und die Aussicht auf der einen Seite nach dem Speßhart, und auf der andern nach dem schönen Busch &c. ist auch schön, doch kömmt sie der zu Maynz lange nicht bei. Gleich aus dem Schlosse, wo die Stadtmauer, Wall und Graben anfängt[66], hat man den Graben mit dem Wall ausgefüllt, und eine schöne, schattige Promenade mit Buschwerk[67] &c. daraus gemacht, wodurch der Kurfürst unvermerkt um die Stadt herum in den schönen Ge-

---

[61] Eine Anmerkung zu dem ausgelassenen Abschnitt endet – *Gercken*, Reisen, Tl. 4 (wie Anm. 46), S. 355 – mit: „Das jetzige Schloß ist im Anfange dieses [= 18.] Jahrhunderts gebaut." Dies ist nicht zutreffend, denn der Bau von Schloß Johannisburg wurde 1605 begonnen und im Haushaltsjahr 1618/19 vollendet; vgl. dazu mit Angabe der weiteren Literatur *Spies*, Schloß (wie Anm. 7), S. 31 u. 45.

[62] Gercken zählte die Stockwerke vom Erdgeschoß bis zur Galerie, allerdings ohne letztere mitzurechnen.

[63] Gemeint ist der Bergfried, der von dem um 1220 errichteten Vorgängerbau übernommen wurde; zur Datierung des letzteren vgl. *Hans-Bernd Spies*, Aschaffenburgs Aufstieg zur mainzischen Nebenresidenz im 13. Jahrhundert, in: AJb (wie Anm. 33) 11/12 (1988), S. 425-436, dies S. 432-435.

[64] Zu den entsprechenden Arbeiten der Jahre 1774-1784 vgl. *Hermann Reidel*, Emanuel Joseph von Herigoyen. Kgl. bayer. Oberbaukommissar 1746-1817, München / Zürich 1982, S. 24-33, 95 f., 114-128 (Abb. 7-37), 238 u. 251-254, sowie insgesamt zu den Bau- und Renovierungsmaßnahmen am und im Schloß zur Zeit von Erzbischof und Kurfürst Friedrich Carl Joseph *Grimm*, Häuserbuch II (wie Anm. 57), S. 440-447.

[65] Zur Geschichte dieses Schlosses bis zur damaligen Zeit vgl. *Ursula Zahler*, Das Kurfürstliche Schloß zu Mainz. Studien zur Bau- und Stilgeschichte, St. Ingbert 1988, bes. S. 12 ff., 24-36, 41-54, 90-124, 150, 152-156 u. 161-167.

[66] Zur Stadtbefestigung vgl. *Felix Mader*, Die Kunstdenkmäler von Unterfranken & Aschaffenburg. XIX Stadt Aschaffenburg (Die Kunstdenkmäler des Königreichs Bayern, Bd. 3: Regierungsbezirk Unterfranken & Aschaffenburg, XIX. Stadt Aschaffenburg), München 1918, S. 213-220.

[67] Gemeint ist das Schöntal, das sich damals von oberhalb des Mainufers – am heutigen Pompejanum – hinter dem Kapuzinerkloster und entlang der Stadtmauer – heutiges Offenes Schöntal zwischen Friedrich- und Weißenburger Straße – bis zum jetzigen Schöntal erstreckte, vgl. den S. 42 abgebildeten Stadtplan von 1809. Mit dem Zugang zur „Promenade" meinte Gercken vermutlich nicht den Weg vom Schloß durch den Schloßgarten zum Beginn des Schöntals oberhalb des Mainufers, sondern wahrscheinlich einen kürzeren durch die Grünanlage im Bereich der heutigen Erthalstraße. Zu Schöntal und Offenem Schöntal vgl. *May* (wie Anm. 31), S. 96-102, *St[ephan] Behlen* u. *J[oseph] Merkel*, Geschichte und Beschreibung von Aschaffenburg und dem Spessart, Aschaffenburg 1843, S. 86 ff., sowie *Alfred Ade*, Parkanlagen im Spessart und am Untermain (Mitteilungen des Naturwissenschaftlichen Museums der Stadt Aschaffenburg, N. F. Heft 8), Aschaffenburg 1956, S. 18-28, bes. S. 18 u. 27; der Weg vom Beginn des Schöntals zum Schloß beschrieben bei *May*, S. 98 f.

[68] Der Gemüsegarten befand sich auf jenem Teil des heutigen Parks Schöntal, der an die Platanenallee grenzt.

Grundriß der Stadt Aschaffenburg mit Pfarreieinteilung von 1809, farbig lavierte Zeichnung; Vorlage: Museen der Stadt Aschaffenburg, Inv.-Nr. 53/82. →

müßgarten[68], der vor dem Hasselthore[69] liegt, und von da weiter in die Fasanerie[70] &c. gehen kann. Dieser ansehnliche Gemüßgarten ist über 600 Schritt lang, und fast eben so breit[71], mit einer Mauer umgeben, worin schönes Franzobst[72] auf Zwergbäumen, Pfirsichen und Apricosen gezogen, sonst aber das schönste Gemüße vor die Kurfürstliche Tafel gebauet wird. Der Garten ist mit einer Allee von Ital. Pappeln[73], wie die ganze Stadt in ihrem Umfange, umgeben. Gleich hinter diesem Garten fängt der große Park linker Hand an, der nach Englischer Art angelegt, und mit einer Planke umgeben ist. Darin ist gleich voran die Fasanerie[74]. Dieses alles liegt linker Hand der Stadt, und an der Seite des Mayns, wo die Stadt liegt. Der schöne Busch liegt an der andern Seite des Mayns, wo man über Stockstadt und Seligenstadt gerade nach Frankfurt fährt.

Der schöne Busch

liegt eine gute halbe Stunde von der Stadt linker Hand von dem Postwege, der gerade nach Frankfurt geht[75]. Diesen Namen verdient der Platz mit Recht, den der jetzige

---

[69] Herstalltor; zu diesem vgl. *Mader* (wie Anm. 66), S. 218 f., sowie *Alois Grimm*, „In den Turm" – das war noch vor 150 Jahren wörtlich zu nehmen. Bis 1837 dienten in Aschaffenburg alte Befestigungstürme als Gefängnis. Dann bekam die Stadt ihren ersten selbständigen Gefängnisbau, in: Spessart. Monatsschrift des Spessartbundes. Zeitschrift für Wandern, Heimatgeschichte und Naturwissen 1981, Februarheft, S. 3-8, dies S. 4.

[70] Damals wurde auch die heutige Großmutterwiese zur Fasanerie gezählt; zu letzterer vgl. *Behlen* u. *Merkel* (wie Anm. 67), S. 88 ff., sowie *Ade* (wie Anm. 67), S. 38 ff., bes. S. 38.

[71] Ein Blick auf den Stadtplan von 1809 zeigt, daß der Küchengarten mehrfach länger als breit war. Zur Maßangabe Schritt ist zu sagen, daß nicht klar ist, mit welcher Schrittlänge Gercken rechnete; bei einem angenommenen Schritt von 0,60 m errechnet sich für den Küchengarten eine Länge von rund 360 m, die in etwa den tatsächlichen Gegebenheiten entsprach. Zur Problematik der Maßangabe Schritt vgl. *Zedler* (wie Anm. 2), Bd. 35, Graz 1961 (Reprint der Ausgabe Leipzig / Halle 1743), Sp.1210 f.: „**Schritt**, Lat. *Passus*, Frantz. *Pas*, war ein ungewisses und unrichtiges Maaß einiger Feld-Messer, welches auch noch zuweilen die Bauern und andere Unwissende zum Feld-Messen gebrauchen wollen; ist aber deswegen nicht zuverlässig, weil nicht nur einer weiter, der andere kürtzer schreitet, sondern auch einer allein in langanhaltendem Fortgehen nicht immer gleich weit schreitet. Sie pflegen ihn insgemein in den **einfachen Schritt**, so auch ein **Tritt**, *Gressus*, heisset, und in den **doppelten Schritt**, der *Passus* gennenet wird, einzutheilen; sind aber darinnen nicht einstimmig, wieviel Fuß auf einen von diesen beyden gehen sollen; denn sie rechnen auch den einfachen oder *Gressus* theils 2, theils 2$^1/_2$, theils aber 3 Schuh". Da der Aschaffenburger Schuh 28,75 cm entspricht – vgl. *Streiter* (wie Anm. 29), Tab. I –, war ein Schritt mindestens 57,5 und höchstens 86,25 cm lang.

[72] Franzobst = „obst von zwergbäumen"; vgl. *J. Grimm* u. *W. Grimm* (wie Anm. 36), Bd. 4, Abt. 1, Tl. 1, bearb. v. Jacob Grimm, Karl Weigand u. Rudolf Hildebrand, Leipzig 1878, Sp. 61.

[73] Heutige Platanenallee und Hofgartenstraße. Zur genannten Pappelart vgl. *Zedler* (wie Anm. 2), Bd. 26, Graz 1982 (Reprint der Ausgabe Leipzig / Halle 1740), Sp. 685: „**Pappelbaum, Pappel, Popelbaum, Bellen**, Lateinisch *Populus, Farfarus*, Frantzösisch *Peuplier*. Ist ein grosser Baum, dessen es drey Sorten giebet. Die erste wird gennenet *Populus alba*, [...]. Italiänisch *Albero, Pioppo blanco*. [...] Deutsch **weisse Pappel, weisser Pappelbaum, weisser Albeerbaum, weisse Poppelweide**. Er steiget und wächst in gar kurtzer Zeit empor und treibet einen Haufen Zweige in die Höhe; seine Rinde ist glatt und weißlich. Das Holtz ist weiß und lässet sich leicht spalten. Die Blätter sind breit, sehr viel gekerbt und eckigt, sehen fast wie das Weinlaub aus, sind aber viel kleiner, grün, glatt und oben ohne Haare, unten weiß und rauch, wie das Huflattigkraut, und sitzen auf langen Stielen. Seine Kätzgen sind lang und vielblättrig, mit einigen Spitzen, voller Staub besetzet. Die Wurzeln laufen oben auf der Erde weg, und weil sie also nicht sehr tief eingreifen: so kan der Baum von starckem Winde leicht erschüttert und gefället werden."

[74] Gemeint sind die Fasanerie und die heutige Großmutterwiese; vgl. Anm. 70.

[75] Es handelte sich um den Italienischen Postkurs, dessen Route von Miltenberg nach Frankfurt am Main seit 1750 nur noch linksmainisch über Obernburg, Niedernberg, dann nach Aschaffenburg und von dort wieder auf die linke Mainseite über Stockstadt am Main und Seligenstadt führte; vgl. *Werner Krämer*, Die Aschaffenburger Postgeschichte, in: AJb (wie Anm. 33) 13/14 (1990), S. 199-232, dies S. 206 f. u. 213.

Kurfürst zu seinem Vergnügen anlegen lassen[76], und bei seinem Sommeraufenthalt allhier täglich besuchet, indem dieser Park würklich blos aus Buschwerk bestehet, und recht schön angelegt ist. Ungeachtet die Gegend herum etwas sandig und mager ist, so muß der Grund dieser Anlage ungemein gut seyn, weil der frische Wuchs des Buschwerks, vorzüglich von den jungen Eichen, solches zu erkennen giebt. Sonst findet man auch Tannen, Büchen, Birken &c. Buschwerk durcheinander darin; alles empfiehlt sich durch seinen jungen frischen Wuchs. Dieser ganze Platz, der über 1000 Morgen[77] im Umfange hat, ist auf Englische Art eingerichtet, und durch viele krumme Gänge, die sauber mit Sand gehalten werden, eingetheilet, so, daß man beständig ganz unvermerkt auf kleine freie Plätze stößt, wo man durch mancherlei Abwechslungen, fast alle mögliche Gattungen von Spielen[78] antrifft, die zum Theil amusiren, oder auch zur Bewegung dienen. Am Ende desselben ist eine ansehnliche Baumschule angelegt[79], und ein wohl eingerichtetes Bienenhaus und Garten[80].

Gleich voran, wenn man von Aschaffenburg kömmt, steht ein mäßiges Gebäude von 2 Stockwerk modern gebauet frei vor dem Busch[81], so die Aussicht ins freie Feld und nach der Stadt hat; alsdenn tritt man gleich in den Busch selbst, wo man bei der ofnen Einfahrt absteigt, und Gelegenheit hat, Wein, Kaffee, kalte Küche &c. um sehr billigen Preiß zu haben, und solches unter bedeckten Lauben zu genießen. Hat man auch Essen und Trinken mitgebracht, so kann man solches in den Lauben mit aller Freiheit verzehren, wie denn einem jeden Fremden der Eingang offen ist. Gleich darauf läßt man 2 kleine Berge, die zusammengefahren sind[82], rechter Hand liegen, man sieht es ihnen aber gleich an, daß die schöne Schöpferin der Natur sie nicht geschaffen hat, und nicht weit davon steht das zweite Hauptgebäude, so etwas größer ist[83], und von 3 Seiten auch die freie Aussicht hat. Nahe an selbigem findet man einen Kanal[84], und daran einen recht großen Weiher, worauf etliche kleine Lustschiffe liegen, und

---

[76] Zur Geschichte des Parks Schönbusch von 1775 bis etwa 1790 vgl. *Helmberger*, Entstehungsgeschichte (wie Anm. 17), S. 14-41 u. 85 ff., sowie *Albert* (wie Anm. 17), S. 48-67 u. 88 ff. Gerckens Beschreibung des Schönbuschs nicht erwähnt unter den entsprechenden – verschiedenen Parkanlagen innerhalb Deutschlands gewidmeten – Reiseberichten bei Harri Günther, Reisen in frühe Landschaftsgärten, in: Wolfgang Griep (Hrsg.), Sehen und Beschreiben. Europäische Reisen im 18. und frühen 19. Jahrhundert (Eutiner Forschungen, Bd. 1), Heide 1991, S. 115-124.
[77] Das damals in Aschaffenburg gebräuchliche Flächenmaß Morgen entspricht 1714,824 qm – vgl. *Streiter* (wie Anm. 29), Tab. III –, mithin läßt sich aus Gerckens Angabe über die Größe des Parks eine Fläche von 1714824 qm bzw. 171,4824 ha errechnen, die der heutigen Größe von rund 160 ha – vgl. *Helmberger*, Entstehungsgeschichte (wie Anm. 17), S. 8 – recht nahe kommt.
[78] Zu den damaligen Spielen vgl. *Helmberger*, Entstehungsgeschichte (wie Anm. 17), S. 23, 30 u. 86 f.
[79] Vgl. dazu *Albert* (wie Anm. 17), S. 58 f. u. 89.
[80] Südlich des Dörfchens wurden 1783-1785 zwei heute nicht mehr vorhandene Bienenhäuser errichtet; vgl. *Helmberger*, Entstehungsgeschichte (wie Anm. 17), S. 32 u. 87.
[81] Das 1781-1783 am Eingang zum Park erbaute Wirtschaftsgebäude; zu diesem vgl. ebd., S. 30 u. 87.
[82] Die beiden Berge waren 1776-1785 geschaffen worden; vgl. ebd., S. 14, 16, 29 u. 85 f., sowie *Albert* (wie Anm. 17), S. 51 f. u. 88.
[83] Der heute als Schloß Schönbusch bezeichnete, 1778-1781 errichtete Pavillon; zu diesem vgl. *Helmberger*, Schloß (wie Anm. 38), S. 47-59, *ders.*, Entstehungsgeschichte (wie Anm. 17), S. 21 f. u. 86, sowie *Albert* (wie Anm. 17), S. 53 f. u. 89.
[84] Zu diesem etwa 1776 begonnenen und 1779 fertiggestellten, etwa 400 m langen und hinter dem Pavillon endenden Kanal vgl. *Helmberger*, Entstehungsgeschichte (wie Anm. 17), S. 14, 16 f. u. 85, sowie *Albert* (wie Anm. 17), S. 50.

Schwane sich aufhalten[85]. Ein kleiner rauschender Bach, so aus dem Busch bergab geführet ist, wässert den Weiher[86]; es soll aber noch ein anderer Bach auch hinein geleitet werden, damit es dem Teiche nie am Wasser fehlet[87], der auch zugleich durch den ganzen Busch geführet werden soll, so zur Verschönerung überhaupt viel beitragen würde. An der andern Seite liegt noch ein Teich, der aber kleiner ist[88]. Die ganze Anlage ist mit vielem Geschmack ausgeführt, und wird jedem Kenner gefallen, nur mögte man noch ein hohes ansehnliches Hauptgebäude darin suchen, so vielleicht mit der Zeit noch gebauet wird[89], weil man noch beständig fortfährt, die Anlage zu verschönern. Ein runder Speisesaal nebst zugehörigen Küchengebäuden steht vor dem Busch[90] ganz frei ohnweit der Heerstraße[91], die nach Frankfurt geht; dieser ist hier der freien Sonne ausgesetzt, und würde, wie mir deucht, in dem Busch selbst besser stehen, weil er hier auswärts gar zu kahl aussiehet, auch nur geringfügig gebauet ist. Vielleicht ist dieses auch schon verändert, weil ich im Herbst von 1785 zum letztenmal hier gewesen bin[92].

Hinter dem schönen Busch ist auch eine wohl gebaute und eingerichtete Schweizerei angelegt[93], die aus 40 bis 50 Stück milchenden Kühen besteht, wozu man mit schweren Kosten das schönste Vieh aus der Schweiz hohlen lassen. Allein die Schweizer-

---

[85] Zu dem 1776-1779 angelegten Unteren See vgl. *Helmberger*, Entstehungsgeschichte (wie Anm. 17), S. 14-17, 28 f. u. 85 f., sowie *Albert* (wie Anm. 17), S. 50 f., 53, 56 u. 88 f.

[86] Die Bewässerung des Unteren Sees erfolgt durch den 1779/80 umgeleiteten Welzbach, von dem ein Arm in den Oberen See mündet, von wo das Wasser in den Kanal geht, an dessen südlichem Ende es über die Kaskade in einen Bach läuft, der nach Norden fließt und sich in den Unteren See ergießt, den dort auch ein weiterer Abfluss des Kanals erreicht; vgl. *Helmberger*, Entstehungsgeschichte (wie Anm. 17), S. 16 f., 24 u. 85 f., sowie *Albert* (wie Anm. 17), S. 68 f.

[87] Zum bis zum heutigen Tag bestehenden Wasserproblem im Schönbusch und zu den in Erwägung gezogenen weiteren Bachumleitungen vgl. *Helmberger* (wie Anm. 17), S. 24 u. 86, sowie *Albert* (wie Anm. 17), S. 76 ff. u. 90.

[88] Zu dem 1779-1783 angelegten Oberen See auf der Rückseite des Pavillons vgl. *Helmberger*, Entstehungsgeschichte (wie Anm. 17), S. 29 u. 86.

[89] Ein solches ist nicht errichtet worden.

[90] Es handelte sich um den 1780/81 auf dem Lärchenberglein gebauten ersten Speisesaal nebst den 1781 errichteten drei Nebengebäuden, nämlich Konditorei, Küchen- und Wachtgebäude, die sämtlich 1788 abgetragen wurden; vgl. *Helmberger*, Entstehungsgeschichte (wie Anm. 17), S. 29 f. u. 86 f.

[91] Gemeint ist die von der Mainbrücke am Schönbusch vorbeiführende, 1776-1778 befestigte und begradigte, in Richtung Darmstadt führende Straße, die Aschaffenburger oder Darmstädter Chaussee bzw. Große Schönbuschallee genannt wurde und heute Darmstädter Straße heißt; vgl. ebd., S. 15 u. 85.

[92] Hier – *Gercken*, Tl. 4 (wie Anm. 46), S. 359 f. – als Anm. 66: „Man muß sich billig wundern, daß der Reisende Franzose in seinem *LXII*. Briefe *II*. Th. S. 383, wo er die Stadt Aschaffenburg beschreibt, so wenig des Kurfürstlichen Schlosses, als auch des schönen Buschs im geringsten gedacht hat, sondern sich daselbst mit lauter Kleinigkeiten, die zum Theil nicht mal richtig sind (wie der 7jährige Obstwein, der so viel Feuer hat) abgegeben hat. Statt dessen hält er sich weitläufig bei einem alten Monument auf, wo ein alter Ritter in voller Rüstung vor einem Kruzifix kniet (dergleichen man häufig findet), dem an einem gewissen Orte verstümmelt hatte. Ueber der Verstümmelung, die, wie er glaubt, von einem Grillenfänger, oder von einer Grillenfängerin aus Keuschheitseifer herrühret, dem so ärgerlich gewesen, moralisirt er eine ganze Seite, ein Umstand, der es nicht verdiente, und er auch sonst nicht gewohnt ist, mit Kleinigkeiten sich abzugeben." Als weiteres Beispiel für Gerckens Kritik an Riesbeck vgl. ebd., S. 364: „Wenn aber der Reisende Franzose in seinem 63. Briefe S. 419 schreibt – ‚wie denn ganz Baiern, München ausgenommen, keine Stadt hat, die den Isenburgischen Flecken Ofenbach an Schönheit, Bevölkerung und Reichthum übertrift' so ist dieses die unverschämteste Lüge, indem Straubingen, Landshut, Ingolstadt, an Größe, Ansehen, Gebäuden und Bevölkerung Ofenbach himmelweit übertreffen, und damit gar nicht in einem gewissen Orte in Vergleich zu stellen sind. Hätte er geschrieben, keine Stadt in ganz Baiern vorhanden sey, wo so viele Fabriken, wie zu Ofenbach vorhanden sind, hätte er Recht gehabt, aber jenes ist ihm kaum zu verzeihen, wie er denn überhaupt Baiern ganz und gar gemißhandelt hat."

[93] Damit ist der als Mustergut gedachte Nilkheimer Hof gemeint, dessen Viehbestand allerdings wesentlich größer geplant war; vgl. dazu *Helmberger*, Entstehungsgeschichte (wie Anm. 17), S. 31 u. 87.

kühe finden hier die Alpenweide und das Alpenheu nicht, und wie ich höre, wollen sie nicht recht arten, und sollen auch nur wenig Milch geben. Man würde allerdings besser gefahren seyn, wenn man die Kühe aus dem Fürstenthum Anspach, aus der Gegend, die man die Brunst nennet[94], mit weit wenigern Kosten hätte hohlen lassen, weil diese Art Vieh fürtreflich, und Weide, Futter und Luft gewohnt ist.
Der uralte berühmte Wald der Speßhart liegt hier in der Nähe, und der Jagden wegen haben sich die vorigen Kurfürsten auch sehr ofte in Aschaffenburg aufgehalten[95]. Er fängt bei dem Dorfe Bessenbach[96], so am Fuße des großen Waldes liegt, an, und man fährt schon allgemach bergan durch zerstreute Holzung und steinigte, felsigte Gegenden bis an dieses Dorf, so die Präparation zu dem fürstlichen Wald macht. Von hier geht der Weg eine starke halbe Stunde beständig bergan, ziemlich steil, und in der Höhe bleibt der ungeheure Wald 8 Stunden in der Breite bis an das große Dorf Esselbach[97], wo man recht froh ist, wenn man selbiges erreichet, und wieder ins Freie gekommen ist. Der Weg ist mit schweren Kosten treflich gemacht, und für die Sicherheit der Straße, die vormals, in den Meßzeiten besonders, sehr unsicher war, hat der Kurfürst rechtschaffen gesorgt, indem die Husaren selbige beständig patrouilliren. Der Wald erstreckt sich in der Länge an einer Seite tief ins Würzburgische, und soll die ganze Länge über 16 Stunden betragen, wovon der größte Theil Kurmaynzisch ist[98]. Man findet allerlei Gattung Holz darin, vorzüglich aber Büchen, wovon die Städte Maynz und Frankfurt vorzüglich ihr Brennholz auf dem Mayn erhalten. Der Verbindung mit Aschaffenburg wegen habe mit Fleiß hier des berühmten Speßharts (den ich wenigstens dreimal durchgereiset) erwähnet, zumal ich sonst noch nicht Gelegenheit gehabt, ihn zu beschreiben."

Nicht ganz 14 Jahre nach Gercken, dessen letzter Besuch im Herbst 1785 stattgefunden hatte, kamen während des Sommers 1799 innerhalb weniger Wochen zwei Reisende nach Aschaffenburg, die ihre von der Stadt gewonnenen Eindrücke niederschrieben und im übernächsten Jahr auch in ihren jeweiligen Reiseberichten veröffentlichten. Der erste war der in Kaltennordheim bei Eisenach geborene Christian Friedrich Gottlieb Thon (1773-1844)[99], der, nachdem er wegen Unordnung in der Kassenführung seine Stelle als sachsen-weimarischer Rentamtmann verloren hatte,

---

[94] Gebiet um den Ort Brunst im damaligen ansbachischen Oberamt Colmberg; vgl. *Peter Fleischmann* (Bearb.), Die handgezeichneten Karten des Staatsarchivs Nürnberg bis 1806 (Bayerische Archivinventare, Bd. 49), München 1998, S. 306, Nr. 360; heute gehört Brunst zu Leutershausen im Landkreis Ansbach.

[95] So befand sich beispielsweise der damals 71jährige Johann Schweikard (1553-1626), Erzbischof von Mainz und Kurfürst des Reiches (1604-1626), um den 20. August 1624 mehrere Tage zur Jagd im Spessart; vgl. *Hans-Bernd Spies*, Reise eines Kronprinzen Władysław von Polen durch das Maintal von Wertheim nach Aschaffenburg im August 1624, in: MSSA (wie Anm. 12) 7 (2002-2004), S. 7-17, dies S. 10 f., 14 u. 16. Zur Beliebtheit des Spessarts als Jagdrevier der Erzbischöfe von Mainz vgl. auch *Behlen* u. *Merkel* (wie Anm. 67), S. 24.

[96] Straßbessenbach, heute Bessenbach-Straßbessenbach, damals Station der kaiserlichen Reichspost; vgl. *Werner Münzberg*, Stationskatalog der Thurn und Taxis-Post (Thurn und Taxis-Studien, Bd. 5), Kallmünz 1967, S. 275.

[97] Esselbach war damals ebenfalls Station der kaiserlichen Reichspost; vgl. ebd., S. 77.

[98] Ergänzend hierzu *Gercken*, Tl. 4 (wie Anm. 46), S. 408: „ist noch beizufügen, daß der Speßhart, so weit er Kurmaynzischer Kameralwald ist, 18000 Morgen enthält", also – vgl. Anm. 77 – 13,718592 qkm bzw. 1371,8592 ha.

[99] Zu diesem, der vor seinem Eintritt in den Staatsdienst in Jena studiert hatte, vgl. *Bernhard Fabian* (Hrsg.), Deutsches Biographisches Archiv. Eine Kumulation aus 254 der wichtigsten biographischen Nachschlagewerke für den deutschen Bereich bis zum Ausgang des neunzehnten Jahrhunderts, München / New York / London / Zürich 1986, Fiche 1269, 109-115.

als Schriftsteller privatisierte und schließlich in Erfurt starb. Eines seiner frühesten Werke ist sein Bericht über eine Reise von Jena nach Frankfurt am Main[100], die ihn Ende Juni 1799, von Würzburg mit der Postkutsche durch den Spessart kommend[101], auch nach Aschaffenburg führte, wo er mehrere Tage bis zum 3. Juli blieb[102] und im Gasthof „Zum römischen Kaiser" übernachtete[103]. Thon schrieb in seinem elften Brief über Aschaffenburg[104]:

„**Aschaffenburg,** die dermalige Residenz des Kurfürsten von Mainz[105], mit 4000 Einwohnern[106], in einer der angenehmsten Gegenden Deutschlands am Main gelegen. Die Stadt zeigt sich in der Ferne mit ihren schönen und egalen Thürmen weit schöner als Würzburg, ist aber kleiner als diese, und auch nicht viel besser gepflastert[107]. Das **Schloß** ist eins der schönsten, die mein Auge sah, und man weiß wirklich nicht, ob

---

[100] *[Christian Friedrich Gottlieb Thon]*, Romantische Reise von Jena, Weimar, Erfurth, Gotha, Eisenach, Salzungen, Schweinfurth, Würzburg, Aschaffenburg nach Frankfurth am Main, Eisenach 1802; Thons „Vorrede", ebd., S. III-XII, endet S. XI f. mit der Bemerkung: Ich wollte „mit diesem Versuch eine zweyte Probe machen, und dann, wenn die unpartheyische Stimme des Publikums zur Fortsetzung mich aufmuntert, in meinen Erzählungen dieser Art gewissenhaft fortfahren – oder, wenn man meine Kräfte zu eingeschränkt findet, als ein bescheidener Mann die Feder niederlegen – und schweigen. K a l t e n n o r d h e i m im Jahr 1800. D e r V e r f a s s e r."

[101] Ebd., S. 194: „Endlich kam die Postkutsche – wir stiegen ein, und rasch ging es zum Thore hinaus." Kurze Schilderung der Reise von Würzburg nach Aschaffenburg ebd., S. 195 f.

[102] Das Datum der Abreise ergibt sich aus seinem in Frankfurt am Main am 4., 10., 12. und 14. Juli 1799 datierten zwölften Brief, ebd., S. 215-226, in dessen am 4. Juli geschriebenen Teil – S. 215-218 – er die am Vorabend mit „dem sogenannten Marktschiffe" angetretene Fahrt von Aschaffenburg dorthin schildert. Da Thon sowohl den in Schweinfurt geschriebenen achten Brief, als auch die beiden in Würzburg und schließlich den in Aschaffenburg geschriebenen elften Brief – ebd., S. 169-178, 179-186, 187-194 u. 195-214 – jeweils nur mit „im Junius 1799" datierte, kann seine Ankunft in Aschaffenburg nur ungefähr für Ende Juni 1799 erschlossen werden.

[103] Vgl. ebd., S. 198: „In Aschaffenburg ließen wir uns im Posthause ein Zimmer geben" – die Poststation befand sich seit 1791 in einem Gebäude in der Strickergasse Nr. 2, das zugleich Gasthaus war, welches 1796-1856 Gasthof „Zum römischen Kaiser" hieß, und nach dem Auszug der Postverwaltung im Jahre 1817 war der Gasthof zugleich Poststall, 1894 wurde das Gebäude abgerissen und das Grundstück größtenteils zur flächenmäßigen Verlängerung der Luitpoldstraße genommen; vgl. *Krämer* (wie Anm. 75), S. 210 u. 216, sowie *Alois Grimm*, Aschaffenburger Häuserbuch V. Kapuzinergasse und Kapuzinerplatz, Karlstraße, Erthalstraße zwischen Ridingerstraße und Justizgebäude, Treibgasse und Agathaplatz, Strickergasse, Luitpoldstraße, erweiterter Schloßplatz mit Markt, bearb. v. Monika Ebert u. Ernst Holleber (Veröffentlichungen des Geschichts- und Kunstvereins Aschaffenburg, Bd. 46), Aschaffenburg 2001, S. 541-544 u. 546.

[104] *Thon* (wie Anm. 100), S. 196 ff.

[105] Erzbischof und Kurfürst Friedrich Carl Joseph hatte Mainz 1794 endgültig verlassen und Aschaffenburg zu seiner Hauptresidenz gemacht; vgl. *Friedhelm Jürgensmeier*, Friedrich Karl Joseph Reichsfreiherr von Erthal, in: Erwin Gatz (Hrsg.), Die Bischöfe des Heiligen Römischen Reiches 1648 bis 1803. Ein biographisches Lexikon, Berlin 1990, S. 95-99, dies S. 99, sowie *Günter Christ*, Die Mainzer Erzbischöfe und Aschaffenburg – Überlegungen zum Residenzproblem, in: Archiv für mittelrheinische Kirchengeschichte 45 (1993), S. 83-113, dies S. 111.

[106] Vgl. Anm. 49.

[107] Vgl. oben S. 39 Gerckens Bemerkung über den Zustand der Straßen in Aschaffenburg. Klagen über die Qualität städtischer Straßen waren bei den Reisenden damals und auch später weit verbreitet; vgl. z. B. für die Straßenverhältnisse in Lübeck noch 1836 *Eduard Beurmann*, Skizzen aus den Hanse-Städten, Hanau 1836 – das Kapitel „Lübekkische Skizzen" (S. 11-72) ohne gesonderte Paginierung als Faksimiledruck in: *Hans-Bernd Spies* (Hrsg.), 1798 – 1836. Lübeck vor und nach den Napoléonischen Kriegen. Intime Berichte aus dem Leben einer bescheidenen Stadt, Lübeck 1984 –, S. 22 f.: „Das Straßenpflaster Lübecks sucht wirklich seines Gleichen in Deutschland; es ist eine etwas zartere Fortsetzung der Straße zwischen Hamburg und Lübeck und an einzelnen Stellen so holprig, daß man Abends, wenn Mondschein im Kalender angegeben, keine Laternen brennen und der Himmel mit Wolken umzogen ist, nur mit Gefahr des Bein-, wenn auch nicht des Halsbrechens einzelne Stadttheile durchwandern kann. Die Fischergrube und mehre andere Gruben mit unzähligen Gruben und Grübchen in ihrem massiven Straßenpflaster bieten in dieser Hinsicht ein Bild der Vollendung. Hühneräugige können hier zur Raserei gebracht werden. Man scheint die Gebrechlichkeit der Straßen als eine Antiquität in Ehren zu halten, der man bei Leibe nicht abhelfen dürfe."

man dem hiesigen oder dem Würzburger den Vorzug geben soll. Das Aschaffenburger liegt schöner, und man genießt von demselben die romantischste Aussicht auf den Mainfluß und auf die umliegende schöne Landschaft: aber die rothe Farbe desselben hat in meinen Augen weniger Angenehmes, als die Steinfarbe des Würzburger[108]. – Unter die **Merkwürdigkeiten** dieser Stadt zählt man das Schloß mit den vier symmetrischen Thürmen; die Fasanerie; den schönen Busch; das Stift[109]; das sogenannte schöne Thal, andere prächtige, rings um die Stadt laufende Anlagen und Parthien, und das eine halbe Stunde entlegene Lustschloß[110], mit schönen Anlagen in englischem Geschmack. – –
Auffallend fand ich die hiesige Art zu tragen. Das weibliche Geschlecht trägt nemlich in großen Körben die schwersten Sachen auf dem Kopfe, daher ist der Gang desselben gerade. Diese Methode sieht man auch überhaupt in[111] den Rheingegenden, und an der Bergstraße giebt sie einen schönen Anblick, wenn 20 bis 30 Bauernmädchen mit ihren Körben auf den Köpfen, wie die Döckchen[112] so gerade, singend und mit heiterm und frohem Gesichte nach Darmstadt zum Markte gehen. –"

Nur wenige Wochen nach Thon kam der aus Wiedemar bei Delitzsch stammende Reiseschriftsteller Carl Gottlob Küttner (1755-1805)[113], der in Leipzig studiert hatte und dann als Hofmeister mit seinen Zöglingen ausgedehnte Reisen unternahm, nach Aschaffenburg. In dem dieser Stadt gewidmeten und am 3. August 1799 in Frankfurt am Main datierten Teil seines Reisebriefes schrieb er[114]:

„Wir verließen Würzburg den ersten dieses Monats, und kamen auf zehn Meilen[115], bis nach Aschaffenburg, nicht durch eine einzige Stadt. – [...]
Wir kamen bey guter Zeit nach A s c h a f f e n b u r g , und brachten den Abend damit zu, daß wir die Stadt durchwanderten, und einen langen Spaziergang in dem großen Churfürstlichen Garten machten. Einen ansehnlichen Küchengarten ausge-

---

[108] Zur Residenz in Würzburg und zu ihrer Baugeschichte vgl. *Richard Sedlmaier* u. *Rudolf Pfister*, Die fürstbischöfliche Residenz zu Würzburg, Textband, München 1923.
[109] Zur Stiftskirche St. Peter und Alexander und zu ihrer bis ins 9. Jahrhundert reichenden Baugeschichte vgl. *Mader* (wie Anm. 66), S. 25-152, sowie *Martin Klewitz*, Die Baugeschichte der Stiftskirche St. Peter und Alexander zu Aschaffenburg (Veröffentlichungen des Geschichts- und Kunstvereins Aschaffenburg, Bd. 2), Aschaffenburg 1953.
[110] Damit ist der heute Schloß genannte Pavillon im Schönbusch gemeint.
[111] Vorlage hat Druckfehler: „iu".
[112] Verkleinerungsform von ‚Docke' = Püppchen; vgl. *J. Grimm* u. *W. Grimm* (wie Anm. 36), Bd. 2, Leipzig 1860, Sp. 1208. ‚Docke' – ebd., Sp. 1208-1213 – kann u. a. auch „ein meist walzenförmiges stück, ein klotz, zapfen, eine kleine seule, gewöhnlich von holz" bedeuten; vgl. ebd., Sp. 1211 f., dies Sp. 1211.
[113] Zu diesem, der, finanziell von seinen früheren Zöglingen unterstützt, in Leipzig starb, vgl. *[Friedrich] Ratzel*, Karl Gottlob Küttner, in: Allgemeine Deutsche Biographie, Bd. 17, Leipzig 1883, S. 443-444, sowie *Alfred Cobbs*, Karl Gottlob Küttner, in: DLL (wie Anm. 13), Bd. 9, hrsg. v. Heinz Rupp u. Carl Ludwig Lang, Bern / München ³1984, Sp. 665-666; zu Küttners Bedeutung als Reiseschriftsteller vgl. auch *Harald Witthöft*, Norddeutsche Reiseliteratur des 18. und frühen 19. Jahrhunderts als Quelle für die Wirtschafts- und sozialgeschichtliche Forschung, in: Mączak u. Teuteberg (wie Anm. 1), S. 201-227, dies S. 205 f., 209 f., 213, 218 ff. u. 222-225, Segeberg (wie Anm. 1), S. 17 f., Neutsch (wie Anm. 6), S. 92, 192, 224, 251, 295, 315, 386, 408, 412, 416, 427 u. 432, Hentschel (wie Anm. 1), S. 70 f., sowie Blanke (wie Anm. 1), Bd. 1, S. 110, 113 f., 116, 133, 143, 213, 215-218, 228, 233 f., 236, 240, 244, 257, 259 u. 389, Bd. 2, S. 140.
[114] *[Karl Gottlob Küttner]*, Reise durch Deutschland, Dänemark, Schweden, Norwegen und einen Theil von Italien in den Jahren 1797. 1798. 1799., Tl. 4, Leipzig 1801, S. 517 u. 519, der gesamte neunte Brief S. 495-531.
[115] Küttner dürfte die rund 7,42 km lange geographische Meile gemeint haben; vgl. *Fritz Verdenhalven*, Alte Maße, Münzen und Gewichte aus dem deutschen Sprachgebiet, Neustadt an der Aisch 1968, S. 36.

nommen, besteht das Uebrige aus Englischen Anlagen[116]. Er gehört unter die bessern dieser Art, die ich in Deutschland kenne, und ist, so wie seine schöne und beträchtliche Orangerie[117], sehr wohl unterhalten. – Das Schloß, das aus vier Seiten ins Gevierte besteht, mit einem großen Thurme an jeder Ecke, hat ein gutes Ansehen. Es soll auch sehr schön meublirt seyn, wird aber jetzt nicht gezeigt, weil es in diesem Augenblicke von dem Churfürsten, seinem Hofstaate und vermuthlich auch einigen Regierungskammern besetzt ist[118]. – Die Stadt ist weder schön, noch bedeutend, und die Gegend umher ganz und gar nicht das, was ich nach einigen Beschreibungen, die ich davon gelesen habe[119], erwartete. – Im goldenen Adler[120] waren wir sehr wohl. Hier ist eine Brücke[121], über die der Weg nach Seligenstadt und Frankfurt geht. Er beträgt fünf Meilen, ist aber schlecht. Wir wählten den über Hanau, der eine Meile weiter, aber größtentheils gut ist, denn von der letztern Stadt aus geht eine Chaussee nach Frankfurt."

Wenn man diese fünf Reiseberichte miteinander vergleicht, dann fällt zunächst der unterschiedliche Gesamteindruck auf, den die Besucher von Aschaffenburg mitnahmen: Hassencamp, Riesbeck und Thon bezeichneten die Stadt und ihre Lage als schön[122], lediglich Küttner fand sie „weder schön, noch bedeutend" und war auch von ihrer Umgebung enttäuscht. Gercken hingegen enthielt sich einer wertenden Bemerkung, lieferte dafür aber die genaueste Beschreibung. In diesem Zusammenhang erwähnte er, daß die Straßen Aschaffenburgs zur Zeit seines letzten Besuchs „zum Theil noch schlecht" gepflastert gewesen waren, und hob bei dieser Gelegenheit hervor, daß „der Kurfürst zur Verschönerung der Stadt alles beiträgt". Das ist nicht die einzige lobende Aussage Gerckens über Erzbischof Friedrich Carl Joseph, denn er würdigte auch dessen Verdienste um die Sicherheit der Straße durch den Spessart. Noch entschiedener hatte sich zuvor Riesbeck über den gleichen Sachverhalt geäußert.

---

[116] Vgl. Anm. 67.
[117] Vgl. *May* (wie Anm. 31), S. 31, und den auf S. 42 f. abgebildeten Stadtplan. Die damalige Orangerie ist das an der heutigen Hofgartenstraße liegende Gebäude.
[118] Vgl. zunächst Anm. 105. Die Regierung des Erzstiftes Mainz wurde 1794 zunächst provisorisch und – nach zwischenzeitlicher Rückkehr an den Rhein – 1798 endgültig von Mainz nach Aschaffenburg verlegt; vgl. *Sigrid von der Gönna*, Hofbibliothek Aschaffenburg. Ihre Geschichte in der Tradition der Kurfürstlich Mainzischen Bibliothek, Wiesbaden 1982, S. 132, sowie *Behlen* u. *Merkel* (wie Anm. 67), S. 29.
[119] Zumindest Küttners Bemerkung, das Schloß „soll auch sehr schön meublirt seyn", läßt es als wahrscheinlich erscheinen, daß er Gerckens Beschreibung kannte.
[120] Das Gasthaus „Zum goldenen Adler" befand sich mindestens seit 1779 und bis 1918 im Haus Strickergasse Nr. 7, das 1944 durch einen Volltreffer zerstört wurde; vgl. *Grimm*, Häuserbuch V (wie Anm. 103), S. 505-513.
[121] Zur damaligen Mainbrücke, die 1889 abgebrochen wurde, Vorgängerin der heutigen Willigisbrücke, vgl. *Grimm*, Häuserbuch II (wie Anm. 57), S. 526-569, bes. S. 533-540. Die erste bei Aschaffenburg über den Main führende Brücke wurde spätestens 989, vielleicht aber auch schon ein oder zwei Jahre früher errichtet; vgl. *Hans-Bernd Spies*, 1000 Jahre Aschaffenburger Mainbrücke (989-1989) – ein etwas unsicheres Jubiläum, in: MSSA (wie Anm. 12) 2 (1987-1989), S. 316-321, dies S. 319 ff.
[122] So auch 1774, wenige Monate vor der Wahl Friedrich Carl Joseph Freiherr von Erthals zum Erzbischof von Mainz, der schwedische Orientalist Jacob Jonas Björnståhl (1731-1779); vgl. *Spies*, Orientalist (wie Anm. 12), S. 214 f.
[123] Der letzte Reisende, der Schloß Johannisburg vor dem Umbau beschrieb, war Björnståhl; vgl. ebd., S. 214-218, sowie *Spies*, Schloß (wie Anm. 7), S. 36-39 u. 55-58.

Letzterer hob in übertriebener Weise die Qualität des Apfelweines hervor, erwähnte Versuche mit der Seidenraupenzucht und beschrieb ausführlich das einige Zeit vor seinem Besuch mutwillig beschädigte Kerpen-Denkmal. Als einziger stellte Riesbeck fest, „daß die hiesigen Mädchen so schmachtend sind, und man an den Sonn- und Feyertägen in den öffentlichen Wirthshäusern beyde Geschlechter auf die bunteste und ungezwungenste Art durch einander gemischt sieht". Andererseits waren ihm weder Schloß Johannisburg noch andere Gebäude der Stadt eine Bemerkung wert. Im Gegensatz zu Riesbeck erwähnte Hassencamp nicht nur das Schloß, sondern auch den Park Schönbusch, obwohl er ihn aus Zeitmangel nicht hatte besuchen können.

Gercken beschrieb sowohl diesen Park als auch Schöntal und Fasanerie, außerdem das Schloß, und zwar nicht nur von außen, sondern, als erster Reisender nach dem Umbau[123], auch von innen. Das war, als Küttner 1799 nach Aschaffenburg kam und dem Schloß „ein gutes Ansehen" zubilligte, allerdings nicht mehr möglich; wenngleich ihm die Stadt selbst nicht gefiel, so lobte er den sie umgebenden Park Schöntal. Einige Zeit zuvor hatte Thon Aschaffenburg „weit schöner als Würzburg", jedoch „auch nicht viel besser gepflastert" gefunden und das Schloß als „eins der schönsten", die er gesehen, bezeichnet, aber die Parkanlagen auf beiden Seiten des Mains ohne weitere Bemerkung lediglich aufgezählt. Andererseits war ihm etwas aufgefallen, was er als einziger der genannten Reiseschriftsteller für erwähnenswert hielt: „Das weibliche Geschlecht trägt nemlich in großen Körben die schwersten Sachen auf dem Kopfe, daher ist der Gang desselben gerade."

Der Vergleich der zitierten und von 1783 bis 1801 veröffentlichten Reiseberichte zeigt, daß Johann Matthäus Hassencamp, Johann Kaspar Riesbeck, Philipp Wilhelm Gercken, Christian Friedrich Gottlieb Thon und Carl Gottlob Küttner, obwohl sie alle während eines Zeitraumes von etwa 25 Jahren in Aschaffenburg gewesen waren, die Stadt doch recht unterschiedlich gesehen hatten. Aber gerade darin liegt die Bedeutung ihrer Schilderungen: Aus Hassencamps wenigen Sätzen läßt sich erkennen, was einem auf der Durchreise nur einen kurzen Zwischenaufenthalt einlegenden Besucher erwähnenswert erschien. Lediglich durch Riesbecks Reisebericht ist die Art der damaligen Beschädigung des Kerpen-Denkmals bekannt. Während Gerckens genaue Beschreibung der eines soliden Reiseführers ähnelt, enthalten die Ausführungen Thons und Küttners nur kurze Angaben über die Stadt, bieten aber dennoch zwei besondere Einzelangaben, nämlich einerseits über das Körbetragen auf dem Kopf und andererseits über die Tatsache, daß eine Innenbesichtigung von Schloß Johannisburg am Ende des 18. Jahrhunderts nicht mehr möglich war. Zusammengenommen ermöglichen diese fünf Reiseberichte, sich ein Bild davon zu machen, was Besucher im letzten Viertel des 18. Jahrhunderts an Aschaffenburg interessant und daher erwähnenswert fanden.

Berichterstattung über das Erzstift Mainz in Goekingks „Journal von und für Deutschland" und deren Folgen (1784/85)

Der damalige preußische Kanzleidirektor in Ellrich, Leopold Friedrich Günther Goe(c)kingk (1748-1828)[1], der bereits als Dichter und Zeitschriftenherausgeber einen Namen hatte[2], veröffentlichte am 8. Mai 1783 seinen ausführlichen Plan einer neuen Zeitschrift[3], die er ab Januar 1784 herauszugeben beabsichtigte[4], womit er ein schon seit mindestens zwei Jahren gehegtes Vorhaben[5] verwirklichen wollte. Goekingk hielt ein Journal für erforderlich, das mehr als die bisherigen zum Austausch zwischen den verschiedenen deutschen Regionen und ihrem besseren gegenseitigen Kennenlernen beitragen sollte, und zwar weniger durch Nachrichten aus dem Bereich der Hof- und Staatsaktionen, sondern durch Meldungen über einzelne Menschen[6]:

---

[1] Zu diesem, in Gröningen bei Halberstadt geboren, nach dem 1765 in Halle begonnenen Studium der Rechtswissenschaft Eintritt in den preußischen Staatsdienst, zunächst ab 1768 Referendar in Halberstadt, 1770-1786 Kanzleidirektor in Ellrich, 1786-1788 Kriegs- und Domänenrat in Magdeburg, 1788-1793 Land- und Steuerrat und preußischer Kommissar in Wernigerode, 1793-1806 Geheimer Oberfinanzrat im Generaldirektorium in Berlin, 1789 vom preußischen König geadelt, starb in Deutsch-Wartenberg in Niederschlesien, vgl. u. a. *Heinrich Döring*, Friedrich Leopold Günther von Göckingk, in: J[ohann] S[amuel] Ersch u. J[ohann] G[ottfried] Gruber (Hrsg.), Allgemeine Encyklopädie der Wissenschaften und Künste in alphabetischer Folge von genannten Schriftstellern bearbeitet, Sektion 1, Tl. 72, hrsg. v. Hermann Brockhaus, Leipzig 1861, S. 43-57, *Karl Goedeke*, Grundriß zur Geschichte der Deutschen Dichtung aus den Quellen, fortgef. v. Edmund Goetze, Bd. 4, Abt. 1: Vom siebenjährigen bis zum Weltkriege, Dresden ³1916, S. 968-971, sowie Bd. 14, hrsg. v. Herbert Jacob, Berlin 1959, S. 204 u. 993, *Adalbert Elschenbroich*, Leopold Friedrich Günther v. (preuß. Adel 1789), Dichter, Nationalökonom, in: Neue Deutsche Biographie, Bd. 6, Berlin 1964, S. 510-511, *Alfred Kelletat* (Hrsg.), Der Göttinger Hain, Stuttgart 1967, S. 379 f. u. 442, *Günter Albrecht, Kurt Böttcher, Herbert Greiner-Mai* u. *Paul Günter Krohn*, Lexikon deutschsprachiger Schriftsteller von den Anfängen bis zur Gegenwart, Bd. 1, Leipzig ²1972, S. 260, sowie *Maria Roth*, Leopold Friedrich Günther von Goeckingk, in: Deutsches Literatur-Lexikon. Biographisch-bibliographisches Handbuch, begr. v. Wilhelm Kosch (künftig: DLL), Bd. 6, hrsg. v. Heinz Rupp u. Carl Ludwig Lang, Bern / München ³1978, Sp. 437-438. Zur Schreibung des Namens ist zu sagen, daß er zur damaligen Zeit im „Journal von und für Deutschland" und in den zitierten eigenhändigen Schreiben stets „Goekingk", in den zitierten Schriftstücken der preußischen Verwaltung aber „Goeckingk" geschrieben wurde, so auch die offizielle Schreibung des Familiennamens in der Adelsmatrikel; vgl. Gothaisches Genealogisches Taschenbuch der Briefadeligen Häuser 1 (1907), S. 213 f.

[2] Er hatte u. a. den „Göttinger Musenalmanach" der Jahrgänge 1776-1778 herausgegeben und 1777 in Leipzig seine bereits seit 1772 in verschiedenen Almanachen gedruckten „Lieder zweier Liebenden" als Buch veröffentlicht.

[3] Unter dem Titel „Plan zum gegenwärtigen Journale vom 8ten May 1783." – von diesem waren, wie Goekingk am 23. Dezember 1784 schrieb (vgl. Anm. 132), „9000 Ex[em]p[lare] in Deutschland vertheilt, und deßen Hauptinhalt durch alle Zeitungen angezeigt worden" – wiederabgedruckt im unpaginierten Vorspann zu: Journal von und für Deutschland 1784/I, S. [7-16]. Als eine Reaktion auf die Erstveröffentlichung dieses Planes vgl. nachstehende Äußerung Georg Christoph Lichtenbergs (1742-1799), seit 1775 ordentlicher Professor der Philosophie an der Universität Göttingen, der im Wintersemester 1777/78 erstmals über Experimentalphysik gelesen hatte, gegenüber dem Geheimen Kanzleisekretär Johann Andreas Schernhagen (1722-1785) in Hannover – zu diesen vgl. die *Hans-Bernd Spies*, Dalberg und Lichtenberg, in: Mitteilungen aus dem Stadt- und Stiftsarchiv Aschaffenburg 5 (1996-1998), S. 185-191, dies S. 185, angeführte Literatur – in seinem Brief aus Göttingen vom 2. Juni 1783 – Druck: *Georg Christoph Lichtenberg*, Briefwechsel, hrsg. v. Ulrich Joost u. Albrecht Schöne, Bd. 2: 1780-1784, München 1985, S. 623 f., Zitat S. 624 –: „Haben Ew. Wohlgebo*hren* wohl des Cantzley Direktor Göckingks Plan zu einem neuen Journal gelesen? Es ist der Mühe werth, daß Sich Dieselben den Plan vom Intelligenz Comtoir holen lassen, man kann sich nichts rase*nderes* dencken. [...] Mir ist es unbegreiflich wie solche unüberlegte Köpfe Cantzleyen dirigiren können. Aber wer weiß auch wie jene Cantzleyen dirigirt werden. Wenn meine Küchenrechnung sich des viertheil Jahrs auf 25 Thaler banco belauft, wolte ich einem solchen Direktor zur Direcktion geben." Vgl. außerdem Lichtenbergs Brief vom 9. Juni 1783 aus Göttingen an Schernhagen – ebd., S. 627 –: „Es freut mich sehr, daß Ew. Wohlgebo*hren* HE. Göckingks Avertissement eben so wie ich gefunden haben. Es ist gantz abscheulig."

„Weder Frankreich noch England hat eine so große Menge Journale, als unser Vaterland, und dennoch ist unter allen nicht Eins, wodurch zunächst die verschiedenen, durch besondere Regenten von einander abgesonderten grossen und kleinen Staaten Deutschlands, in kleinen Vorfällen &c. mit einander bekannter würden; wenigstens wird dieser Zweck nur zum Theil durch andere Journale erreicht.

[...] In London fließen die Nachrichten aus allen drey Königreichen ungesucht zusammen, und umgekehrt nehmen wieder alle drey Königreiche an London Theil. Das kann niemals der Fall in Deutschland seyn, das in so viele abgesonderte Staaten vertheilt ist, deren Unterthanen, außer dem ziemlich eingeschränkten Handel, fast gar kein Verkehr mit einander, oft hingegen ein ganz verschiedenes Interesse haben, und im Grunde, (die Gelehrten und Kaufleute höchstens ausgenommen), wenig oder gar nichts von einander wissen. Es ist sonderbar, (aber freylich läßt sich wohl erklären), daß die Deutschen, wenn man ihre Schriftsteller ausnimmt, sich weniger um einander bekümmern, als die Engländer, Schotten und Iren[7], ob jene gleich nach Sprache, Sitten und National-Character sich noch immer ähnlicher sind, als diese. Noch bis diese Stunde getrauet sich fast kein Zeitungsschreiber, von einer merkwürdigen Privatperson seinen Blättern einen Artikel einzurücken, wenn der Mann nicht wenigstens ein Reichsbaron, oder einer der ersten Bedienten eines Staats ist; [...].

Mich dünkt überhaupt, daß der individuelle Mensch von unsern Schriftstellern zu wenig bemerkt wird; und doch sind solche Nachrichten, um des Eindrucks willen, den sie auf das Herz machen, mit die nützlichsten. Eben deßhalb soll das Individuum, nicht die Gesellschaft, mein Hauptgegenstand seyn."

Dann führte Goekingk zwölf verschiedene Abschnitte auf[8] – u. a. Übersicht über Getreidepreise, monatliches Wettertagebuch, Verzeichnis aufgeführter Theaterstücke, Nachrichten über Beförderungen, Mitteilungen über Preisaufgaben, Ankündigungen von vorzubestellenden Schriften, Kupferstichen, Landkarten usw., Kurzübersicht des Inhalts wichtiger deutscher Zeitschriften und „Historische Chronik"[9] –, die seine

---

[4] Vgl. Plan (wie Anm. 3), S. [15]: „Ich werde dann im November durch die vornehmsten Zeitungen bekannt machen, ob das Journal mit dem Jenner des k. J. seinen Anfang nehmen, und unter was für einem Titel es erscheinen werde." Bei allen Zitaten aus der Zeitschrift wurde das J der Frakturschrift stets nach modernem Gebrauch als I bzw. J wiedergegeben.

[5] Vgl. ebd., S. [7]: „Als ich vor zwey Jahren die Reise durch das südliche Deutschland, den Elsaß und die Schweiz unternahm, war meine Absicht, auch alle übrigen Provinzen des deutschen Reichs zu besehen. Ich war, auf dem Rückwege von Genf, gerad im Begrif, durch Sachsen und Böhmen nach **Wien** zu gehen, als die Nachricht von einem traurigen Verlust, dem ein zweyter nachzufolgen drohete, allen meinen Entwürfen auf einmal ein Ende machte. Ich hatte drey verschiedene Absichten bey dieser Reise, die ich nach meiner Zurückkunft ganz oder zum Theil auszuführen dachte. Eine Erziehungs-Anstalt für junge Frauenzimmer anzulegen, ein Journal nach Art des *Gentleman's Magazine* herauszugeben, oder einen gewissen dritten Entwurf, schwerer und weiter aussehend als beide, zum Besten der deutschen Litteratur auszuführen."

[6] Ebd., S. [7].

[7] Vorlage: „Irren".

[8] Plan (wie Anm. 3), S. [7-11].

[9] Ebd., S. [11]: „Dieser Artikel [...] soll [...] die merkwürdigsten Vorfälle, mit Bemerkung des Tages, an welchem sie sich zugetragen haben, von einem ganzen Monate enthalten. Doch werd ich mich bloß auf Deutschland einschränken, und mich nicht [...] auf fremde Länder ausdehnen. Manches wird freylich den Lesern aus den Zeitungen schon bekannt

Zeitschrift regelmäßig enthalten sollte, und erläuterte sie. Diese zwölf Abschnitte sollten allerdings nicht den Hauptteil bilden, sondern[10]:

„Der größte Theil eines jeden Stücks soll nach meiner Absicht dazu dienen, die in einem so weiten Reiche zerstreuten merckwürdigen Deutschen und Deutschlands Merkwürdigkeiten bekannter zu machen, mit einem Worte, vorzüglich dem individuellen Menschen und individuellen Dingen bestimmt seyn."

Anschließend führte Goekingk noch weiter aus, was er darunter verstand[11]. Dann teilte er mit, daß er zumindest im ersten Jahr alle 217 ihm bekannten deutschen Zeitungen halten wolle, um sie für seine Zeitschrift auszuwerten[12], und bemerkte, er könne „auf ohngefähr 80 Correspondenten rechnen, die aber größtentheils bloß im südlichen Theile von Deutschland wohnen"[13]. Doch er zählte immerhin 72 Städte auf, darunter auch Mainz, in denen ihm noch Berichterstatter fehlten; er hoffte auf entsprechende Mitarbeiter, denen gegenüber er sich „zu einer vollkommen Verschwiegenheit" verpflichtete, „wiewohl ich keine solche Nachrichten verlange, die der Einsender nach Recht und Billigkeit selbst verschweigen sollte"[14].

Schließlich kam Goekingk auf den Preis und den vorgesehenen Vertrieb seiner Zeitschrift zu sprechen; wie damals üblich, versuchte er, auf dem Wege der Subskrip-

---

seyn [...], und in Ansehung dieser Nachrichten, welche ich ohnehin nur kurz berühren werde, hat das Journal bloß den Nutzen eines Repertoriums. Aber ich würde diesen Artikel ganz weglassen, wenn ich nicht ganz gewiß versprechen könnte, daß jeder Leser noch immer etwas neues darinn finden sollte."

[10] Ebd., S. [11].
[11] Ebd., S. [11 ff.].
[12] Ebd., S. [13]: „Wenn ich nicht alle Zeitungen, Intelligenzblätter, Adreßnachrichten, und wie sie alle weiter heißen, **von ganz Deutschland** halten kann, so bin ich nicht einmal im Stande, den einen Theil meines Journals zusammen zu setzen. Solcher Blätter kenne ich bis jetzt zweyhundert und siebenzehn, aber ich vermuthe nicht ohne Grund, daß diese noch nicht die Halbscheid von denen ausmachen, welche würklich in Deutschland herauskommen. Freylich sind sehr viele darunter, die weiter nichts, als Nachrichten von Sachen enthalten, die zu verkaufen [Vorlage: verkausen] oder zu vermiethen sind &c.; allein im ersten Jahre muß ich sie alle halten, um zu sehen, ob gar nichts darinn vorkomme, was für Auswärtige Interesse haben könnte, denn die eigentliche politische Zeitung und das Intellig. Blatt der Provinz, worinn man wohnt, ausgenommen, soll man alle übrigen dergleichen Blätter durch das Journal entbehren können."
[13] Ebd., S. [13].
[14] Ebd., S. [14].
[15] Vgl. *Johann Heinrich Zedler*, Grosses vollständiges Universal-Lexikon, Bd. 40, Graz 1962 (Reprint der Ausgabe Leipzig / Halle 1744), Sp. 1572 f.: „**Subscription** auf **Bücher, Pränumeration** auf **Bücher**, ist eine Erfindung der Buchhändler, da sie durch öffen[t]liche Anzeigen bekannt machen, wie sie Vorhabens wären, dieses oder jenes Werck zu verlegen, und von den Liebhabern solches sich ausbitten, den Preiß eines Exemplars entweder gantz oder zum Theil zum voraus zu bezahlen, dagegen sie einen Schein und nachdem das Werck aus der Presse gehoben, gegen Zurückgebung des Scheines und Nachzahlung des Restes vom Preiße, wenn solcher nicht so gleich völlig bezahlt worden ist, das Exemplar empfangen. [...] Zuweilen geschiehet die Subscription ohne Vorauszahlung des Geldes, um damit der Buchhändler zum voraus erfahren kan, ob sich auch zu dem vorhabenden Verlags-Buche so viel Liebhaber finden, als zu Bestreitung der Verlags-Kosten erforderlich, und sodann ist die Subscription von der Pränumerat[i]on unterschieden." Vgl. als Überblick *Reinhard Wittmann*, Subskribenten- und Pränumerationsverzeichnisse als lesersoziologische Quellen, in: Herbert G. Göpfert (Hrsg.), Buch und Leser. Vorträge des ersten Jahrestreffens des Wolfenbütteler Arbeitskreises für Geschichte des Buchwesens 13. und 14. Mai 1976 (Schriften des Wolfenbütteler Arbeitskreises für Geschichte des Buchwesens, Bd. 1), Hamburg 1977, S. 125-159; ebd., S. 135: „Der am einfachsten zu erkennende Typus ist die F a c h s u b s k r i p t i o n. Er umfaßt Werke, die sich an einen engumgrenzten und klar definierbaren Abnehmerkreis richten, für die ein Bedarf nicht erst stimuliert, sondern nur gedeckt werden mußte: das können Wörterbücher, gelehrte Zeitschriften [...] sein [...]. Ihre Frequenz bleibt vom Beginn des 18. Jahrhunderts bis ins erste Drittel des 19. mit nur langsam sinkender Tendenz unverändert."

tion[15], der dem Druck längere Zeit vorausgehenden Vorbestellung, eine hinreichende Anzahl von Abonnenten zu gewinnen[16]:

„Postfrey durch ganz Deutschland und geheftet, wird der Jahrgang [...] 9 Fl.[17] in Reichsmünze kosten. Ich verlange keine Vorausbezahlung, sondern nur Unterzeichnung, die bey allen PostAemtern, Adreß- und Intelligenz-Comtoiren und Buchhandlungen in Deutschland, zwischen hier und dem 1sten October geschehen kann; doch muß jeder Subscribent die erste Hälfte des Preises im Jun., und die andre im Decembr. 1784 zu bezahlen sich verbindlich machen, und hinreichende Sicherheit dafür leisten; denn ich selbst werde mich bloß an die Postämter &c. halten."

Im November wollte Goekingk durch die wichtigsten Zeitungen bekanntmachen, ob und unter welchem Namen seine Zeitschrift ab Januar 1784 herauskommen würde[18].

Trotz der günstigen Bedingungen fanden sich nur wenige Subskribenten für Goekingks Vorhaben, weshalb er am 28. August eine weitere Bekanntmachung[19] veröffentlichte, in der er zunächst darauf hinwies, daß er weitere Korrespondenten gefunden hatte und ihm jetzt nur noch in 39 Städten – Mainz war nicht mehr darunter – solche fehlen würden. Dann machte er die Bedingungen für Vorbesteller noch leichter als schon zuvor, indem er diesen sogar ein zeitlich befristetes Rückgaberecht anbot[20]:

„Ich werde von Glück zu sagen haben, wenn sich so viele Subscribenten finden, daß ich in Ansehung des Vorschusses gedeckt bin. Aber auch hierauf darf ich mir, nach den mehrsten Briefen meiner Correspondenten, keine Rechnung machen, weil viele von denen, welche allenfalls noch Lust und Vermögen haben, auf das Journal zu unterzeichnen, an der Ausführung zweifeln sollen. Vermuthlich soll das heißen: Sie fürchten, die Ausführung selbst werde meinem Plane nicht entsprechen; denn übrigens könnte doch Niemand gefährdet seyn, da er die 6 ersten Stücke nicht eher als beym Empfang des 6ten zu bezahlen nöthig hat. Nun wohl! Jeder Subscribent, dem die 3 ersten Stücke nicht gefallen, kann solche an das Postamt oder die Buchhandlung, von der er sie erhalten hat, ohne Bezahlung zurückgeben. Nur der, welcher sie behält, wird als Subscribent betrachtet, und macht sich dadurch stillschweigend verbindlich, das Jahr auszuhalten."

---

[16] Plan (wie Anm. 3), S. [15].
[17] Dieser Abonnementpreis von 9 Gulden entspricht dem Sechsfachen des Jahresbezugspreises des bis 1804 einmal wöchentlich erscheinenden ‚Aschaffenburger privilegirten Intelligenzblattes'; vgl. *Hans-Bernd Spies*, Wochenblatt und Tageszeitung. Aschaffenburger Pressegeschichte von den Anfängen bis zur Mitte des 19. Jahrhunderts, in: Helmut Teufel u. Klaus Eymann (Hrsg.), Von Tag zu Tag. Zeitungsgeschichte und Zeitgeschehen am bayerischen Untermain. Zum 50. Jahrestag der Lizenzierung des „Main-Echos" am 24. November 1945, Aschaffenburg 1995, S. 8-66, dies S. 9, 12 ff. u. 50 ff. Aufgrund der Aschaffenburger Brottaxe vom 16. September 1785 – Druck: Aschaffenburger privilegirtes Intelligenzblatt 1786, Nr. 10 (11. März), S. [4] – und der vom 2. November 1787 – Druck: ebd. 1787, Nr. 44 (10. November), S. [2]; vgl. *Spies*, Wochenblatt, S. 13 – läßt sich sagen, daß man um jene Zeit in Aschaffenburg für 9 Gulden etwa 178-198 kg Schwarzbrot kaufen konnte; zur Berechnung vgl. *Spies*, Wochenblatt, S. 12 u. 51.
[18] Vgl. Anm. 4.
[19] Unter dem Titel „Avertissement von 28sten August." wiederabgedruckt im unpaginierten Vorspann zu: Journal von und für Deutschland 1784/I, S. [16 f.].
[20] Ebd., S. [16].

Obwohl die Vorbestellungen weiterhin hinter den Erwartungen zurückblieben, kündigte Goekingk, wie im Mai versprochen[21], am 17. November das Erscheinen seiner Zeitschrift an[22]:

> „Die Subscription auf das von mir angekündigte Journal ist zwar nicht so ausgefallen, daß ich davon nur einmal die dringendsten Kosten bestreiten könnte; ich hoffe aber, daß mich das Publicum, wenn es erst von der Ausführung selbst sich überzeugt hat, besser unterstützen werde. Unter meinen Correspondenten sind so viele Schriftsteller vom ersten Range und Geschäftmänner[23] von entschiedenem Verdienste, daß ich es gegen mich selbst nicht verantworten könnte, wenn ich mein Unternehmen aufgeben wollte. Daher kündige ich die wirkliche Herausgabe, als einen Versuch auf Ein Jahr, hiermit an; das Jenner-Stück wird in den ersten Tagen des Februars versendet werden. Der Titel thut nichts zur Sache; das Werk mag also: Journal von und für Deutschland, heißen. Da ich ohnehin einen großen Theil der Kosten zuschießen muß, so kann ich mich zu keiner bestimmten Anzahl von Kupferstichen verpflichten, und muß noch manchen andern Aufwand vorerst unterlassen, den ich sonst gern gemacht hätte. Aber in Ansehung des feinen Papiers, will ich dennoch den Subscribenten mein Wort halten[24]. Wer indessen nicht zwischen hier und den 25ten Dec. noch unterzeichnet, der muß hernach, für eben den Preis, mit einem Exemplar auf gewöhnlichem Druckpapier zufrieden sein."

Außerdem erklärte Goekingk im gleichen Zusammenhang, keine Subskribenten-Liste drucken lassen, sondern lediglich die Anzahl der bestellten Zeitschriftenexemplare städteweise angeben zu wollen[25]. Dementsprechend brachte der Vorspann zum

---

[21] Vgl. Anm. 4.
[22] Unter dem Titel „Avertissement von 17ten November." wiederabgedruckt im unpaginierten Vorspann zu: Journal von und für Deutschland 1784/I, S. [17].
[23] Der Begriff ‚Geschäft[s]mann' bezieht sich hier weniger auf in Handelsgeschäften, sondern hauptsächlich auf in Staats- und Amtsgeschäften tätige Männer; vgl. *Jacob Grimm* u. *Wilhelm Grimm*, Deutsches Wörterbuch, Bd. 4, Abt. 1, Tl. 2, bearb. v. Rudolf Hildebrand u. Hermann Wunderlich, Leipzig 1897, Sp. 3824 f. u. 3828.
[24] Vgl. Plan (wie Anm. 3), S. [15]: „Die Exemplare werden alle auf Schreibpapier gedruckt, bis auf die, welche ich, um eines zu besorgenden Nachdrucks willen, auf Druckpapier abziehen lassen will." Zu diesen Papierqualitäten vgl. *Zedler* (wie Anm. 15), Bd. 26, Graz 1982 (Reprint der Ausgabe Leipzig / Halle 1740), Sp. 639 f.: „Das Schreibepapier ist nach seiner Güte **fein Postpapier; gemein Schreibpapier** von verschiedenen Sorten; [...]. [...] Das **Druckpapier** ist nicht geleimt und schlägt dahero durch; die Buchdrucker bedienen sich dessen alleine, Bücher darauf zu drucken."
[25] Avertissement von 17ten November (wie Anm. 22), S. [17]: „Ich höre, daß einige auf Bücher bloß deshalb unterzeichnen sollen, um ihre Namen voran gedruckt zu sehen; diese benachrichtige ich hiermit in Zeiten, daß ich keine Subscribenten-Liste drucken lasse, sondern nur die Zahl der Exempl. worauf in jeder Stadt unterzeichnet worden ist." Vgl. auch *Zedler*, Bd. 40 (wie Anm. 15), Sp. 1573: „Jezuweilen pfleget solchen Büchern das Verzeichnis der Subscribenten vorgedruckt zu werden, welches eine gedoppelte Absicht hat, die beyde zum Vortheil des Verlegers ausschlagen. Denn da finden sich so viele eitele Menschen, die, um nur ihren Nahmen in Schrifften gedruckt zu sehen, gern zwey, drey und mehr Thaler zahlen, und die Anzahl der Subscribenten oder Pränumeranten aus dieser Einbildung vermehren. Hernach so locket auch manchen, der die Einsicht nicht hat, eines Buches Güte selbst einzusehen und zu beurtheilen, und also nur lediglich von dem Ansehen grosser Männer blenden lässet, ein solches Verzeichnis zu Erkauffung des Werckes an, wenn er in solchem eine ziemliche Anzahl der grösten Männer darinnen erblicket, denn da urtheilet er so gleich: Es müsse dieses Buch ein vortreffliches Werck seyn, weil alle diese nach dem Besitz desselben ein Verlangen bey sich empfunden." Hinsichtlich der hier angesprochenen Eitelkeit vgl. auch *Wittmann* (wie Anm. 15), S. 145 f. u. 157.

ersten Heft eine am 16. Januar 1784 datierte „Subscriptions-Liste"[26], die alle zu diesem Stichtag beim Postamt Ellrich eingegangenen Aufträge in fast alphabetischer Reihenfolge aufführte; danach waren zwei und mehr Exemplare subskribiert worden in Aschaffenburg (4), Berlin (15), Brieg[27] (4), Ellrich (11), Goslar (2), Hildesheim (3), Halle[28] (5), Herford (2), Lüneburg (2), Magdeburg (2), Mühlhausen[29] (2), Minden (2), Wanfried (3) und Zerbst (2). Zu diesen 59 kamen noch Einzelsubskriptionen aus acht weiteren Orten hinzu, bei Goekingk selbst waren „noch 126 Exemplare bestellt worden (worunter Stettin sich mit 23 auszeichnet), in allem also 193[30] Exemplare"[31].

Trotz der Anlaufschwierigkeiten erschien das „Journal von und für Deutschland" nicht nur im Jahre 1784, und zwar in zwei Halbjahresbänden mit einem Umfang – ohne unpaginierten Vorspann im ersten und ohne gleichfalls unpaginierten Anhang[32] (u. a. Register, Druckfehler- sowie sonstige Verbesserungen) im zweiten Band – von 662 bzw. 432 Seiten[33], sondern über einen Zeitraum von insgesamt neun Jahren bis Ende 1792 mit insgesamt 18 Halbjahresbänden[34].

Gleich im Februar-Heft 1784 standen mehrere Artikel, die sich auf Verhältnisse im Erzstift Mainz bezogen; der umfangreichste war einem Fall von Wilddieberei im Grenzgebiet des Hochstiftes Worms und des Erzstiftes Mainz – die beiden geist-

---

[26] Im undatierten Vorspann zu: Journal von und für Deutschland 1784/I, S. [6].
[27] Wahrscheinlich die an der Oder gelegene niederschlesische Stadt Brieg.
[28] Halle (Saale).
[29] Mühlhausen/Thüringen.
[30] Vorlage hat fälschlicherweise „195".
[31] Auf diese Angabe folgt unmittelbar: „Unter den Deutschen Höfen hat kein einziger 3 Exemplare genommen; der Hof zu **Mietau** hingegen, wohin Ein Stück des Plans vom 8ten May zufällig gekommen war, 13." Dieser Erfolg Goekingks am kurländischen Hof in Mitau (lett.: Jelgava) ist möglicherweise auf den Einfluß der ihn bereits damals als Dichter schätzenden Elisa von der Recke – zu dieser vgl. unten Anm. 124 – zurückzuführen, deren Schwager Herzog von Kurland war; vgl. *Rachel* (wie Anm. 122), II, S. 151. Jedenfalls war Goekingk, wie aus dem Titelblatt für das erste Halbjahr 1784 seiner Zeitschrift hervorgeht – s. S. 58 – „Herzogl. Curländ. Legationsrath".
[32] Journal von und für Deutschland. Supplement zum ersten Jahrgange.
[33] Waren die Hefte des ersten Halbjahres noch unterschiedlich lang, so erschienen die des zweiten Halbjahres jeweils mit 72 Druckseiten – Januar: S. 1-88, Februar: S. 89-220, März: S. 221-328, April: S. 329-484, Mai: S. 485-590, Juni: S. 591-662; Juli: S. 1-72, August: S. 73-144, September: S. 145-216, Oktober: S. 217-288, November: S. 289-360, Dezember S. 361-432 –, ihr Gesamtumfang von 1096 Seiten lag sogar über dem von Goekingk angekündigten, denn er hatte am 8. Mai 1783 erklärt – Plan (wie Anm. 3), S. [15] –: „Ein Journal ist schon oft mit einem Postwagen verglichen worden, der zur gesetzten Zeit abgehen muß, er mag voll oder leer seyn. Es kann mir bey meinem Plane zwar niemals ganz an Spedition fehlen; aber eh ich Sand und Steine abschicke, werde ich lieber nur das Wenige abgehen lassen, was ich just vorräthig habe, und ein andermal desto mehr. Ich kann und will mich daher schlechterdings zu keiner bestimmten monatlichen Bogenzahl verpflichten [...]. So viel, und mehr nicht, kann ich in voraus versichern: daß der ganze Jahrgang nicht unter vier Alphabeten betragen soll." Da ein Alphabet 23 Druckbogen umfaßte und ein solcher beim Format von Goekingks Zeitschrift acht Seiten hatte, so ergab sich ein Mindestumfang von (4 x 23 x 8) 736 Seiten. Zur Bogenzählung vgl. *Zedler* (wie Anm. 15), Bd. 1, Graz 1961 (Reprint der Ausgabe Halle / Leipzig 1732), Sp. 1336 f.: „**Alphabet**, [...] heist in denen Buchläden und Druckereyen das A.B.C. oder eine Anzahl von 23 Bogen, nach der Zahl des A.B.C. bey welchem das W. aussen gelassen wird; Es zeichnen aber die Buchdrucker die Buchstaben auf jeden Bogen unten, damit man wissen kan, wie sie in der Ordnung auf einander folgen, und sich die Buchbinder desto besser darnach richten können."
[34] Zu dieser Zeitschrift und zu ihrem Inhalt vgl. *Max Braubach*, Die kirchliche Aufklärung im katholischen Deutschland im Spiegel des „Journal von und für Deutschland" (1784-1792), in: Historisches Jahrbuch 54 (1934), S. 1-63 u. 178-220, zur Erscheinungsweise S. 10 f.

Journal

von und für

Deutschland.

1784.

Januar bis Junius.

Herausgegeben

von

Goekingk,

auf Daldorf und Günthersdrf,
Königl. Preuß. Canzley-Director, Herzogl. Curländ.
Legationsrath.

Ellrich, auf Kosten des Herausgebers.

Titelseite des ersten Halbjahresbandes (1784/I) von Goekingks „Journal von und für Deutschland".

lichen Territorien waren damals in Personalunion miteinander verbunden[35] – gewidmet[36]:

„Wilddiebs-Proceß im W - schen.

H.[37] den 20 Aug. 1783.

In den Fürst-Bischöfl. W - schen Landen und den angrenzenden Chur-M - schen Waldungen, wird das Wild zum unermeßlichen Schaden der Unterthanen geheget. Die beyderseitigen Jägerey-Bediente sind unter Strafe der Cassation[38] angewiesen, auf Wildschützen, oder solche, die nur das ihre Felder und Früchte verheerende Wild stöhren wollen, die schärfste Aufsicht zu halten. Wird ein armer Unterthan von der Jägerey betreten, so hat diese gar keinen weitern Beweis nöthig; der Landmann wird, ohne gehört zu werden, so unschuldig er auch immer seyn mag, nach aller Strenge bestraft.

Folgende Geschichte, welche mir ein in diesem Lande wohnender Patriot mit weinenden Augen erzählte, beweiset, wie grausam das vorige Ministerium (welches jetzt nicht mehr besteht)[39] die Unterthanen des so gütigen F. C.[40] tyrannisirte. Einem der ersten Geistlichen, der die Oberaufsicht über die Bischöfl. Waldungen hat, wurde von der Jägerey angezeiget, daß man jenseits des Rheins[41] nächtlicher Weile einige Schüsse in dem Wäldchen gehört habe.

Sogleich wurden mehrere Jäger aufgeboten, die zerstreut die Waldungen begehen mußten. Es war in der Nacht vor Weihnachten, als die Jäger einen Menschen antrafen, der einen Frischling von wenigen Pfunden auf den Achseln trug. Nachdem er ihn abgeworfen, nahm der Mensch die Flucht, fiel aber durch einen von den Jägern erhaltenen Schuß in ihre Hände.

Nahe an diesem Walde liegt ein Dorf, wohin man den Geschossenen mit dem Frischlinge zu dem dort wohnenden Wirthe M - g[42] brachte. Dieser schlief, und mußte durch vieles Pochen und Lärmen erweckt werden. Da er in dieser ungewöhnlichen Stunde, (denn es war in der Nacht nach 11 Uhr) keine Jäger, sondern Diebe

---

[35] Friedrich Carl Joseph Freiherr von Erthal (1719-1802) war 1774 nicht nur zum Erzbischof von Mainz und damit zum Kürfürsten des Reiches, sondern auch zum Bischof von Worms gewählt worden; vgl. oben, S. 7-16, den ihm gewidmeten biographischen Artikel.
[36] Journal von und für Deutschland 1784/I, S. 114 f.
[37] Heppenheim; die Auflösung dieser und der weiteren Abkürzungen dieses Artikels ergibt sich aus dem unten in Anm. 75 zitierten ergänzenden Beitrag dazu.
[38] Dienstentlassung; vgl. *Zedler* (wie Anm. 15), Bd. 5, Graz 1961 (Reprint der Ausgabe Halle / Leipzig 1733), Sp. 1283: „*Cassiren, Cassare*, heist etwas aufheben, vernichten; von den *Acten* wegthun; ingleichen abdancken, abschaffen, z. E. Soldaten, oder Diener; *it.* baare Gelder einheben, einziehen, ein*cassiren*."
[39] Das kann sich nur auf einen Teil der wormsischen Regierung beziehen, denn die Inhaber der drei Posten des Präsidenten und geistlichen Statthalters, des weltlichen Statthalters und des Kanzlers blieben dieselben, wohingegen von den drei Räten zwei nach Ausweis der Staatskalender 1783 und 1784 ersetzt wurden; zur damaligen Zusammensetzung der Regierung vgl. Kurmainzischer Hof- und Staats-Kalender, Auf das Jahr 1783. Mit einem Verzeichnis des Erzhohen Domkapitels, auch aller zum k. Hof- und Kurstaat gehörigen Stellen, und Aemter, Mainz o. J. [1782], Anhang (Der geistliche und weltliche Staat des Bisthums und Fürstenthums Worms), S. 29 ff., dies S. 29, dgl. 1784, Mainz o. J. [1783], Anhang, S. 29 ff., dies S. 29.
[40] Friedrich Carl Joseph, Erzbischof von Mainz und Bischof von Worms.
[41] Von Worms aus gesehen.
[42] Es handelte sich um den Wirt Wilhelm Montag in Bobstadt bei Bürstadt.

vermuthete, so öffnete er erst seine Thür, als er die Stimme des Bischöfl. Oberjägers[43] erkannte.

M - g hatte wegen der eingetretenen Weihnachts-Feyertage eine Gans und eine Rehkeule im Backofen. Kaum hatten die Jäger das Wildpret gewittert, so wurde dem Wirthe der Verhaft angekündiget. Beyde Braten dienten ihnen zum Frühstück, und hierauf wurde M - g nach L -[44], der Geschossene aber hieher gebracht. Nach geschehener Anzeige schritt man zur Untersuchung.

Da M - g der Bischöfl. W - schen, der Geschossene aber der Chur-M - schen Gerichtsbarkeit unterworfen war, so mußte nothwendig von beiderseitigen Beamten[45] die Untersuchung vorgenommen werden. Weil aber Beyde rechtschaffne Leute seyn sollen, die das Jammern der Unterthanen über den Wildstand täglich hören müssen, ohne helfen zu können, so konnte diesen – welche vielleicht die Unglücklichen gerettet hätten – die Untersuchung unmöglich allein überlassen werden. Vielmehr wurde der Hofrath und damalige R. **von Haupt**[46] nach L - abgeschickt, um mit beyden Beamten die Untersuchung nach der härtesten Strenge vorzunehmen. M - g wurde befragt: wo er den bey ihm gefundenen Rehbraten her habe? Er sagte: von einem fremden Manne, den er nicht kenne; er glaube aber, daß er aus dem Darmstädtschen sey (wo bekanntlich alles Wild erlegt, und in- auch außer Landes verkauft wird). Da man aber glaubte, daß dieser Braten für die Wildschützen zubereitet gewesen, so sollte M - g gestehen, daß dieses sich so verhalte. M - g, der zu einem solchen Verdachte nie Anlaß gegeben hatte, gestand nichts. Er wurde geprügelt, und zwar zu wiederholten malen; dieses alles aber vermogte ihn nicht zum Geständniß.

Die Com[m]ission begab sich hierauf hieher, um den geschossenen Wildschützen sowohl, als den inmittelst noch eingebrachten Wilddieb zu constituiren. Beyde gestanden, einigemal die Wildbahn betreten zu haben, denn Einer von ihnen war bereits deshalb mit der Thurmstrafe auf einige Tage belegt worden. Der andere hingegen behauptete beym **ersten** Verhöre: M - g sey nie in seiner Gesellschaft gewesen. Beym **zweyten** Verhöre deponirte er: M - g sey einmal dabey gewesen; und bey dem letzten: M - g sey zweymal mit ihm auf den Anstand gegangen.

Diese Aussagen bewogen die Commissarien, zur Confrontation zu schreiten. Bey dieser kannte M - g den ihm zu Gesicht gestellten Wildschützen gar nicht. Da er

---

[43] Damaliger fürstlich wormsischer Oberjäger war Joseph Kreuter; vgl. Hof- und Staats-Kalender 1783 (wie Anm. 39), S. 39.
[44] Lampertheim.
[45] Das waren der mainzische Amtskeller zu Heppenheim, Joseph Weber, und der Amtskeller des wormsischen Amtes Lampertheim, Aloysius Joß; vgl. Hof- und Staats-Kalender 1783 (wie Anm. 39), S. 208 u. Anhang, S. 37.
[46] Philipp Jakob Christoph von Haupt, mainzischer und wormsischer Hof- und Regierungsrat; vgl. Hof- und Staats-Kalender 1783 (wie Anm. 39), S. 113 u. Anhang, S. 29. Im Hof- und Staats-Kalender 1784 (wie Anm. 39), Mainz o. J. [1783], S. 113 u. Anhang S. 29, nur noch mit seiner Funktion in Mainz, aber nicht mehr mit der in Worms aufgeführt. Offensichtlich war er, als dieser Artikel geschrieben wurde (20. August 1783), bereits aus dem Dienst des Erzstiftes Mainz ausgeschieden – „damalige"! –, denn er wurde im folgenden Staatskalender nicht mehr unter den mainzischen Hof- und Regierungsräten aufgeführt; vgl. Kurmainzischer Hof- und Staats-Kalender, Auf das Jahr 1785. Mit einem Verzeichniße des Erzhohen Domkapitels, auch aller zum k. Hof- und Kurstaat gehörigen Stellen, und Aemter, Mainz o. J. [1784], S. 114. In seiner Eigenschaft als wormsischer Hof- und Regierungsrat war Haupt auch Hofgerichtsrat des Hofgerichts Worms; vgl. Hof- und Staats-Kalender 1783, Anhang, S. 33.

ihn aber kennen sollte, wurde ihm abermals eine gute Tracht Schläge aufgeladen; allein auch diese wollten den M - g weder zu einem Geständnisse noch zur Kenntniß des Wilddiebes bewegen.
Kurz: M - g wurde weder überwiesen, noch war er seines Frevels geständig. Seine Ehefrau stellte mehrmals vor, daß sie ihren Mann zu Bestellung der Felder nöthig habe, daß sie hoch schwanger sey, und daß ihr Mann hinlängliche Sicherheit stellen könne. Sie wurde nicht gehört, gebar in Abwesenheit ihres Mannes, mußte folglich ihre Haushaltung dem Gesinde und fremden Tagelöhnern preis geben.
Nachdem endlich M - g ganze drey Vierteljahre gefangen gesessen, kam das Endurtheil (nicht durch den gewöhnlichen Gang der W - schen Regierung[47], sondern unmittelbar von Hofe): M - g solle, weil er nichts eingestanden, nochmals mit funfzig Stockschlägen belegt, und wenn er abermals nichts bekennen würde, *pro confesso et convicto*[48] gehalten, und auf vier Wochen ins Zuchthaus nach M - z[49] gebracht werden, auch alle desfalls aufgegangene Untersuchungs-Kosten (die über 500 Fl.[50] stark waren) bezahlen."

Ein weiterer, ebenfalls Zustände des Justizwesens im Erzstift Mainz kritisierender Artikel war wesentlich kürzer und voller Ironie[51]:

„Der Churf. von Maynz hatte etwa 100 Stück Haasen durch die Bauren zusammen treiben und einfangen lassen, welche der Churfürst auf dem Schloßplatze in Maynz schoß. Es wurden aber auch bey der Gelegenheit ein Paar Menschen, dem einen die Nase weg, der andre durch die Backen geschossen. Unter den Zuschauern hatten einige sehr glückliche Einfälle, die sich aber nicht gut wiedererzählen lassen; es mag also an[52] dem folgenden genug seyn. Einer von den Haasen sprang durch die Leute, und lief auf das Justiz-Haus, neben dem Schlosse zu, worauf jemand rief: Er sucht Justiz, findet aber keine."

Obwohl beide Artikel für den Mainzer Hof nicht gerade erfreulich waren, erfolgte von dort keine offizielle Reaktion darauf; das sollte erst im Oktober aufgrund einer umfangreichen Gegendarstellung zu dem Bericht über den „Wilddiebs-Proceß" auf diplomatischem Wege geschehen.

---

[47] Vgl. Anm. 39.
[48] Als geständig und als überführt.
[49] Mainz.
[50] 500 Gulden; zum ungefähren damaligen Wert dieses Betrages vgl. Anm. 17.
[51] Journal von und für Deutschland 1784/I, S. 219; dies undatiert eingesandt für die Rubrik „XXX. Historische Chronik." (S. 208-220), dort auch S. 208 eine mit „18 Jan." datierte Meldung über betrunkene Offiziere in Mainz. Außerdem in der Rubrik „XIX. Auszüge aus Briefen." (S. 150-158) auf S. 153 f. Mitteilung aus Mainz vom „10 Jan. 1784" über Postfreiheit für die „Staatsbedienten" des Erzstiftes Mainz. Zu dem letzten Punkt vgl. auch Auszug aus dem Protokoll des mainzischen Hofrates vom 16. Februar 1784, paraphiert von Hofrats- und Regierungspräsident Franz Christoph Karl Philipp Hugo Freiherr von Frankenstein, unterschrieben von Regierungssekretär Ignaz Marianus Kissel – zu diesen vgl. Hof- und Staatskalender 1784 (wie Anm. 39), S. 6, 110 u. 115 –, gesandt an das Vizedomamt Aschaffenburg und dort eingegangen am 8. März 1784 – Staatsarchiv Würzburg, Aschaffenburger Archivreste, 34/XXI, Nr. 1; hier und bei allen weiteren Zitaten aus ungedruckten Quellen diplomatische Wiedergabe der Vorlage –: „Da die Witweiber und Kinder der Postfreien kurf[ürstlichen] Dienerschaft dieses Freithum so lang zu genießen haben, als solche sich nicht verheuraten, oder sonst keinen eigenen Stand antreten, so wäre solches dem k[urfürstlichen] Vizedom Amt Aschaffenburg zur weiteren dienlichen Bekanntmachung, und zwar mit dem Anhang ohnzuverhalten: daß die hierunter betroffenen Personen in Zeiten angewiesen werden, sich der Aufschrift <u>Postfrei</u> gleich anderen zu bedienen."

Im April-Heft veröffentlichte Goekingk, nachdem er im März-Heft mehrere kleine Beiträge, die lobend[53], rein sachlich[54] oder kritisch[55] ausgefallen waren, über das Erzstift Mainz gebracht hatte, einen umfangreichen Aufsatz über die Wallfahrt nach Walldürn[56], den er selbst geschrieben hatte[57]. Darin schilderte Goekingk die Geschichte und die damalige Wirklichkeit dieser vor der Mitte des 15. Jahrhunderts erstmals aufgekommenen Wallfahrt[58], bezeichnete die damit verbundenen Auswüchse als „Schande unsers Vaterlandes und unsers Jahrhunderts"[59] und sprach sich für deren Abschaffung aus, wobei er auf ein entsprechendes Verbot durch Erzbischof und Kurfürst Friedrich Carl Joseph hoffte[60]:

> „Warum ist noch keine geistliche oder weltliche Obrigkeit so ehrlich gewesen, den Betrug zu entdecken, und den Leuten den Aberglauben zu benehmen? Warum könnte nicht wenigstens ein auswärtiger kathol. Fürst seinen Unterthanen, die ihr Geld, ihre Gesundheit, ihre Ehre, zuweilen selbst ihre Seligkeit nach

---

[52] Vorlage: „au".
[53] Journal von und für Deutschland 1784/I, S. 327 – in der Rubrik „XXII. Historische Chronik." (S. 325-328) –: „Das Domcapitel zu Maynz setzte bey Gelegenheit der neulichen Ueberschwemmung einen Preis von 30 Carolinen für einen Schiffer aus, der einige Leute abholte, die sich bey dem Eisgange auf einer Rheinaue versäumten. Schiffer Hartung von Bonn wagte sich mit Lebensgefahr hinüber, rettete die verzweifelnden aus aller Gefahr, nahm aber nichts vom ausgesetzten Preise an. Ich habe nichts als meine Schuldigkeit gethan, sagte er, und Gott wird mich und die Meinigen dafür zu Wasser und zu Lande beschützen."
[54] Ebd., S. 279 – in der Rubrik „VII. Auszüge aus Briefen." (S. 258-281) –: Bericht über Schenkung an die Universität Mainz durch Erzbischof und Kurfürst Friedrich Carl Joseph; ebd., S. 288 f. – in der Rubrik „XII. Edicte, Verordnungen, Waarenverbote und Preis-Courante." (S. 288-294) –: Bericht über Juden betreffende Verordnung sowie über eine über Eheversprechungen.
[55] Ebd., S. 279 – in der Rubrik „VII. Auszüge aus Briefen." (S. 258-281) –: „Der hiesige [Mainz] Domthurm ist sehr künstlich aufgeführt, seit dem Jahre 1766 aber durch den Blitz bekanntlich entzündet worden, und abgebrannt; seit wenig Tagen gibt derselbe die nächsten Merkmale von einem bevorstehenden Einsturze. Keine der hiesigen Policeystellen unterfängt sich, Einsicht zu nehmen, und ihre Pflicht auszuüben, weil es ein Gebäude betrifft, welches dem Dom-Capitel gehört, und daher bekanntlich – – – ausgenommen ist."
[56] *[Leopold Friedrich Günther Goekingk]*, Wallfahrt nach Waldthürn, in: ebd., S. 337-354.
[57] Vgl. ebd., S. 337: „Jetzt bin ich im Begriff, von einem Religions-Mißbrauche in einem katholischen Lande zu reden; hoffe aber, daß unter den katholischen Lesern, die mein Journ. hat, wenige seyn werden, die meiner Meinung am Ende nicht beystimmen sollten; denn wäre ihr Verstand von dem Nebel der Vorurtheile noch so sehr eingehüllt, daß sie, selbst einen groben Mißbrauch nicht erkennten, so wüßte ich wahrlich nicht, wofür sie eigentlich ihren Louisd'or ausgäben? So viel weiß ich wenigstens, daß alle meine Freunde, welche sich zur katholischen Religion bekennen, an Aufsätzen dieser Art, (denn es sollen ihrer mehrere folgen) kein Aergerniß nehmen werden. Und wollte der Himmel, daß alle Katholiken und alle Evangelische in der bürgerlichen Gesellschaft so gute Menschen wären, als jene."
[58] Zur Geschichte dieser Wallfahrt vgl. *Wolfgang Brückner*, Die Verehrung des Heiligen Blutes in Walldürn. Volkskundlich-soziologische Untersuchungen zum Strukturwandel barocken Wallfahrtens (Veröffentlichungen des Geschichts- und Kunstvereins Aschaffenburg, Bd. 3), Aschaffenburg 1958, bes. S. 31, 33-38, 40 ff., 48-62 u. 122-134.
[59] Goekingk (wie Anm. 56), S. 338: „Dagegen habe ich nichts; aber ich halte es für eben so ehrlich, **Menschen-Werk**, häßliches ja scheußliches Menschenwerk zu offenbaren, um entweder den armen Tropf, der nicht über die Spitze seines Pilgerstabes hinaussieht, hinzuführen und zu zeigen, wie man ihn äfft, damit er ein andermal von selbst wegbleibe, oder die Regierung aufmerksam auf Greuel zu machen, die eine Schande unsers Vaterlandes und unsers Jahrhunderts sind."
[60] Ebd., S. 348 f. Ebenfalls im April-Heft, S. 415 – Nr. 3 in der Rubrik „XII. Auszüge aus Briefen." (S. 412-436) –, ein Bericht über die Feuerversicherungsgesellschaft im Erzstift Mainz, der mit folgendem Satz endet: „Der Churfürst hat übrigens auch für das verflossene Jahr die Kosten, sowohl an Salarirung des gesellschaftlichen Buchhalters und Actuarius, als auch für Papier, Drucker und Buchbinderlohn &c. durch sein Aerarium bestreiten lassen, wofür die Brandschäden des vorigen Jahrs so beträchtlich waren." Mithin waren die Verwaltungskosten des Jahres 1783 von der Staatskasse übernommen worden. Im Juni-Heft wurden S. 643-646 – Nr. 27 in der Rubrik „III. Auszüge aus Briefen." (S. 603-662) –, Zitat S. 643, zwei Schriftstücke über die finanzielle Förderung der Universität Mainz durch Erzbischof und Kurfürst Friedrich Carl Joseph als „Beweis seiner gnädigen Fürsorge für sie" veröffentlicht.

W. zu Markte tragen, durch seine geistliche Regierung, zu einem Verbote solcher Wallfarthen vorbereiten lassen? Wäre es denn etwas anders, als die klare, lautre Wahrheit, wenn ihnen bekannt gemacht würde, daß das angebliche Wunder von dem Corporal[61], und alle Mirakel, die dabey vorgegangen seyn sollen, in die dunkeln Zeiten zurückfallen, mithin man davon nichts mit Gewißheit wisse? Daß sogar die in neueren Zeiten durch das Gnadenbild angeblich bewürkten Wunderwerke, durch nichts bewiesen, auch nicht von Obrigkeits wegen gehörig untersucht [...] worden; daß man vielmehr nicht wenige Krüppel &c., welche vorgegeben, durch diese Gnadenbild auf eine wunderbare Art geheilt zu seyn, als offenbare Betrüger befunden habe; daß die wunderthätige Seide[62] schlechterdings keine Krankheiten von selbst curire [...]. Sollte zu vieles Licht auf einmal die Augen etwa blenden, so könnte man ja alle Wunderwerke des Gnadenbildes und der Seide vorerst dahin gestellt seyn lassen, und die Verordnung so einkleiden: daß die [...] beabsichtigte gute Wirkung [...] gänzlich heut zu Tage vereitelt werde, indem es leider! bekannt genug sey, was für Mißbräuche mit den Wallfarthen nach W. getrieben, und was für Schandthaten bey der Gelegenheit ausgeübt würden. Bis dahin nun, daß dieserhalb andre Vorkehrungen würden getroffen seyn, würde den Unterthanen untersagt, in großen oder kleinen Gesellschaften, Zügen und Processionen, eine Wallfarth anzustellen, auch allen Priestern verboten, irgend eine solche Gesellschaft, Zug oder Proc. zu begleiten. Diejenigen aber, welche sich durch ein Gelübd oder sonst in ihrem Gewissen verbunden hielten, nach W. zu wallfarthen, hätten sich da oder da zu melden, wo ihnen denn, befundenen Umständen nach, ein Paß zu dieser Reise ohnentgeltlich ausgefertigt werden solle. Ich stehe dafür, die Zahl derer, welche Pässe foderten[63] [...], würde von Jahr zu Jahr abnehmen, denn der Reiz fiele weg, den ehemals die Wallfarthen hatten, als man in einer großen vermischten Gesellschaft, unter dem Läuten der Glocken, mit fliegenden Fahnen, unter Gesang und Frohlocken, in der schönsten Jahrszeit, durch die angenehmste Gegend zog.

Das allererwünschteste würde freylich seyn, wenn Se. Churf. Gnaden zu Maynz geruhen wollten, dem ganzen Unwesen aus Landesfürstlicher und Erzbischöfl. Macht und Gewalt mit einem male ein Ende zu machen und großmüthigst Ihren eigenen Vortheil, dem geistlichen und leiblichen Heile Ihrer und fremder Unterthanen aufzuopfern, da schlechterdings so viel immer wahr bleibt, daß beides darunter leidet. Dieses läßt sich von einem Fürsten erwarten, der zu Beförderung der Aufklärung und zu mehrerem Flor der Wissenschaften in seinen Landen, drey

---

[61] Vgl. zunächst *Zedler* (wie Anm. 15), Bd. 6, Graz 1961 (Reprint der Ausgabe Halle / Leipzig 1733), Sp. 1343 – „*Corporale*, heist in denen mitlern Zeiten und noch heutiges Tages eine weisse Decke von Leinen verfertiget, welche man über die Hostien deckte." –, sowie *Monika Selle*, Corporale. I. Liturgisch, in: Lexikon für Theologie und Kirche, hrsg. v. Walter Kasper, Bd. 2, Freiburg / Basel / Rom / Wien ³1994, Sp. 1316-1317, Zitat Sp. 1316 – „Tuch, auf dem in der Eucharisiefeier u. auch bei der Kommunionspendung außerhalb der Messe die Patene mit dem eucharist. Leib des Herrn ruht, ebenso Kelch u. Ziborien". – u. *Alois Döring*, Corporale. II. Frömmigkeitsgeschichtlich, in: ebd., Sp. 1317; zum speziellen Fall in Walldürn vgl. *Brückner* (wie Anm. 58), S. 21 ff. u. 27 f.

[62] Zu dieser in der Kirche Walldürn verkauften Seide, die zuvor von einem Priester geweiht worden war, vgl. *Brückner* (wie Anm. 58), S. 70-75.

[63] Nebenform von ‚fordern'; vgl. *J. Grimm* u. *W. Grimm* (wie Anm. 23), Bd. 3, Leipzig 1862, Sp. 1866.

Klöster aufgehoben hat[64]; es wird nur bloß darauf ankommen, ob dieser Herr jemals die Sache in ihrem rechten Lichte zu sehen bekömmt. Ist dieses: so muß ein Hirtenbrief, der entweder den Betrug aufdeckt (denn betrügen nicht die, welche von Wunderthaten leben, die sie weder selbst für wahr halten, noch als unverdächtig zu bescheinigen sich getrauen?), und den Aberglauben des Volcks durch Vernunft niederdrückt, oder doch wenigstens eine Verordnung, wie die zulezt vorgeschlagene, die nothwendige Folge davon seyn. Kurz, ein Frucht-Markt oder Fabrik wäre Waldthürn besser, als der ewige Seligkeits-Markt!"

Auf diesen Artikel, der nichts an Deutlichkeit zu wünschen übrigließ, erhielt Goekingk zumindest eine zustimmende, aber einige Punkte seines Aufsatzes berichtigende Zuschrift, die er im Juli-Heft veröffentlichte[65]; außerdem teilte er im gleichen Heft den Auszug aus einem Brief aus Mainz mit, laut dem eine Untersuchung wegen der Wallfahrten nach Walldürn eingeleitet worden sei[66]. Dies wurde in der Mitte November erstmals – „Ersten Bandes erstes Heft 15. November 1784" – erscheinenden „Mainzer Monatschrift von geistlichen Sachen" in dem Abschnitt „1) Journal von und für Deutschland VII Stück S. 59." mit heftigen Angriffen auf Goekingk bestritten[67]:

---

[64] 1781 hatte Erzbischof und Kurfürst Friedrich Carl Joseph, wie schon seit einiger Zeit geplant, drei Klöster in Mainz aufgehoben und deren Güter und Einnahmen in einen Fonds zugunsten der dortigen Universität eingebracht; vgl. *Helmut Mathy*, Die Universität Mainz 1477-1977, Mainz 1977, S. 136 f., *Eckhart Pick*, Mainzer Reichsstaatsrecht. Inhalt und Methode. Ein Beitrag zum Ius Publicum an der Universität Mainz im 18. Jahrhundert (Recht und Geschichte, Bd. 7), Wiesbaden 1977, S. 72 f., *ders.*, Aufklärung und Erneuerung des juristischen Studiums. Verfassung, Studium und Reform in Dokumenten am Beispiel der Mainzer Fakultät gegen Ende des Ancien régime (Historische Forschungen, Bd. 24), Berlin 1983, S. 77-80, bes. S. 78, sowie *Friedhelm Jürgensmeier*, Das Bistum Mainz. Von der Römerzeit bis zum II. Vatikanischen Konzil (Beiträge zur Mainzer Kirchengeschichte, Bd. 2), Frankfurt am Main ²1989, S. 252 f.

[65] Journal von und für Deutschland 1784/II, S. 45 f. – Nr. 19 in der Rubrik „IV. Berichtigungen." (S. 28-46) –, Zitat S. 45: „Jeder vernünftige Katholik wird Ihnen gewiß den wärmsten Dank sagen, daß Sie in einem Journale eine Beschreibung der in jedem Betrachte schändlichen Wallfahrt nach Wallthüren aufgenommen haben. Kein besseres Mittel kenne ich, dergleichen Dinge zu unterdrücken, als wenn man sie gerade in der Blöße darstellt, in welcher sie jedem Vernünftigen erscheinen müssen. Ich erwarte mit Ihnen nicht so wohl von dem aufgeklärten Herrn Erzbischofe, dem vielleicht nicht alles so bekannt wird, als vielmehr von dem General-Vicariate [hier in Vorlage Fußnote: „Das höchste geistl. Gericht im Erzbisthum Maynz."] in Mainz, und besonders von dem Weihbischofe, Herrn Heimes zu Maynz, der schon so manches Gutes gestiftet, daß sie durch diesen Aufsatz bewogen werden dürften, dem ganzen Unwesen ein Ende zu machen." Zu Johann Valentin Heimes (1741-1806), 1780-1783 Weihbischof in Worms, ab 1783 bis zu seinem Tod in Mainz bzw. im rechtsrheinischen Restgebiet des Erzbistums Mainz, vgl. *Erwin Gatz*, Johann Valentin Heimes, in: ders. (Hrsg.), Die Bischöfe der deutschsprachigen Länder 1785/1803 bis 1945. Ein biographisches Lexikon, Berlin 1983, S. 299-300.

[66] Journal von und für Deutschland 1784/II, S. 59 – in der Rubrik „VI. Auszüge aus Briefen." (S. 54-72) –: „Der Aufsatz über Waldthürn in dem 4ten St. des Journ., thut schon alle Wirkung. Das Gnadenbild und der Pfarrer in Waldthürn haben wirklich eine geistliche Untersuchungs-Commission, und man zweifelt an deren Einsicht eben so wenig als an ihrer Ehrlichkeit, so daß diese Prellerey wohl bald ihre Endschaft erreichen wird."

[67] Mainzer Monatschrift von geistlichen Sachen 1 (1784/85), S. 100 ff. – in der Rubrik „V. Berichtigungen, Nachrichten &c." (S. 100-120) –, Zitat S. 100 f. Als Reaktion Goekingks darauf vgl. seine Äußerung vom 23. Dezember 1784 (wie Anm. 130): „Aber oft sind die nachtheiligen Urteile von der Art, daß man sich über die Beschuldigung leicht hinwegsetzt, weil sie in sich selbst zerfällt. So bin ich selbst noch kürzlich in einem, mit *Approbation* der Censur-Commißion, zu Maynz herausgekommenen Journale, ohne weiter hinzugefügten Beweis ein Pasquillant genannt worden. Diese Beschuldigung ist so ehrenrührig als sie seyn kan, aber eben deshalb, weil sie von keinem Beweise unterstützt ist, und warscheinlich von irgend einem Scribler herrührt, halte ich es nicht der Mühe wehrt, ein Wort darüber zu verlieren, in der Meinung, daß meine Ehre nicht auf der Federspitze eines Menschen beruhe, den das Publikum noch weniger kennt als mich, und der seine Beschuldigungen nicht zu belegen weis."

„*Hr. Gökingk* ist schon wieder mit einer Nachricht unglücklich gewesen. Er hat zwar in oben angezeigtem Stücke S. 45[68] mehrere Unrichtigkeiten und der katholischen Religion nachtheilige Verunglimpfungen, die er in Betreff der Wallthürner Wallfahrt dem IVten Stücke einverleibt hatte[69], auf bessern Bericht zurückgenommen, andere aber stehen lassen. Nun stößt er wieder an. Wir können ihn versichern, daß, so wenig man im Erzstifte Mainz geneigt ist, Misbräuche zu begünstigen, (wie er dann desfalls selbst S. 45 VII Stück ein offenherziges Geständnis thut) dannoch an die Abschickung einer Untersuchungskommission in Betreff des Waldthürner Gnadenbilds und Pfarrers noch nicht sei gedacht worden; geschweige, daß sein Journal, wie er schreibt, die Veranlassung dazu gewesen sein solle. Er hat demnach wiederum das Publikum übel berichtet, und wird, wenn er so fortfährt, alles Eingesandte ohne hinlängliche Gewährleistung einzunehmen, mit seinen Berichtigungen noch manche Blätter anfüllen müssen, welche dann die Käufer samt den eingerückten Falschheiten, auch zuweilen Verläumdungen für baares Geld bezahlen müssen. Uibrigens können allenthalben und bei allen Dingen Mißbräuche einschleichen. Diese verderben aber die gute Sache nicht. So kann es auch bei Wallfahrten geschehen, welche doch nach katholischen Grundsätzen an sich, und im allgemeinen gut und unverwerflich sind. Niemand wird aber solche Mißbräuche gutheisen, und jede Obrigkeit wird dieselben, wenn sie davon Nachricht erhält, zu heben suchen."

Trotz des Abstreitens seitens der „Mainzer Monatschrift von geistlichen Sachen" hatte Erzbischof Friedrich Carl Joseph eine Untersuchung eingeleitet[70], die letztendlich dazu führte, daß 1788 den Einwohnern des Erzstiftes Mainz – wie zuvor schon beispielsweise denen des Hochstiftes Fulda 1772[71] – die Wallfahrt nach Walldürn untersagt wurde[72]. Allerdings wurde dieses Verbot sowohl übertreten als auch durch Sondergenehmigungen unterlaufen[73].

Neben den beiden im ersten Heft der „Mainzer Monatschrift" kritisierten Zuschriften, die Goekingk aufgrund seines umfangreichen Aufsatzes über die Wallfahrt nach Walldürn erhalten hatte, veröffentlichte er im Juli-Heft seiner Zeitschrift u. a. auch eine den Artikel über den Wilddiebsprozeß[74] berichtigende Darstellung eines mit den Verhältnissen sehr vertrauten Einsenders[75]. Dieser bemerkte zunächst[76]:

---

[68] Vgl. Anm. 65.
[69] Vgl. Anm. 56.
[70] Vgl. *Brückner* (wie Anm. 58), S. 157 u. 292.
[71] Vgl. ebd., S. 123. Das älteste Verbot einer Wallfahrt außer Landes, also auch nach Walldürn, erfolgte 1768 im Erzstift Köln; vgl. ebd., S. 123 u. 255. Die Fuldaer Verordnung von 1784, die die Verbote von 1772 (Wallfahrt nach Walldürn) und 1778 (alle über Nacht ausbleibenden Wallfahrten) wiederholte, abgedruckt in: Journal von und für Deutschland 1784/II, S. 138 f. – 8. Punkt in der Rubrik „X. Edicte, Verordnungen und Preis-Courante." (S. 136-140).
[72] Vgl. *Brückner* (wie Anm. 58), S. 123, 155 u. 157 f.
[73] Vgl. ebd., S. 158 f., sowie Staatsarchiv Würzburg, Mainzer Polizeiakten, 1910 u. 1912.
[74] Vgl. Anm. 36.
[75] Journal von und für Deutschland 1784/II, S. 37 ff. – Nr. 5 in der Rubrik „IV. Berichtigungen." (S. 28-46).
[76] Ebd., S. 37.

„Wenn ich Ihnen die ganze Geschichte des in dem zweyten Hefte Ihres Journals angeführten Wilddiebs-Processes, wo Hofrath v. **Haupt**[77] lediglich genannt, und sogar der Diebe Namen verschwiegen wird, nur so schlechterdings ohne Beweise als ungegründet verwerfen würde, so könnten Sie mich im Verdacht einer Partheylichkeit haben, und mir um so weniger Glauben beymessen, als Ihnen der Einsender vielleicht auf einer der besten Seiten bekannt ist. Ich will Ihnen also alle meine Aussagen mit Auszügen aus dem Protocoll belegen."

Dementsprechend korrigierte er den im Februar-Heft abgedruckten Bericht in sechs Punkten aufgrund des Untersuchungsprotokolls, wobei er genaue Seitenangaben machte sowie außerdem auf Anlagen verwies, und bemerkte dann[78]:

„Hieraus [...] werden Sie finden, daß das gegen ihn [Wirt Wilhelm Montag in Bobstadt] gefällte Urtheil nicht so ungerecht ist, als es aus Ihrem Journal erscheint; es ging noch sehr mäßig, wenn man den Ersatz des Wildes, und die auf Einfangung, Arrest, Untersuchung und Unterhaltung verwendeten Kosten berechnet, und dabey bedenkt, daß alle übrigen Consorten insolvent waren, und er der Haupträdelsführer gewesen."

Zum Schluß führte der Einsender aus[79]:

„Noch muß ich Ihnen sagen, daß die Commission nicht aus dem Cabinet[80] dem Hrn. v. Haupt aufgetragen worden, sondern daß Hr. v. **Straus**[81] bey dem Commissorium[82] unterschrieben steht, und also die Regierung den Commissarius[83] ernannt haben muß[84]. Ueberhaupt muß ich Ihnen gestehen, daß man zu sehr die personelle Müthchenskühlung aus der Geschichte heraussieht [...], und eben des-

---

[77] Vgl. Anm. 46.
[78] Journal von und für Deutschland 1784/II, S. 37 f., Zitat S. 38.
[79] Ebd., S. 38 f.
[80] Vgl. *Zedler*, Bd. 5 (wie Anm. 28), Sp. 26: „*Cabinet, Sanctuarium Principis*, ist derjenige Ort, welchen Grosse Herren darzu bestimmet haben, wenn sie die geheimsten und wichtigsten Sachen nur mit wenigen Personen, die man Cabinets-Räthe nennet, wollen überlegen und abhandeln."
[81] Gottlieb Augustin Maximilian von Strauß, mainzischer wirklicher geheimer Staatsrat sowie Regierungs- und Kanzleidirektor; vgl. Hof- und Staats-Kalender 1783 (wie Anm. 39), S. 84 u. 110, sowie dgl. 1784 (wie Anm. 39), S. 84 u. 110.
[82] Vgl. *Zedler*, Bd. 6 (wie Anm. 61), Sp. 836: „*Commissoriale, Commissorium*, wird die Vollmacht oder *Confirmation* genennet, welche denen zu Beylegung einiger streitigen Sache erbethenen *Commissari*en von der hohen Obrigkeit ertheilet wird."
[83] Vgl. ebd., Sp. 833: „*Commissarius, Commissaire*, heißt insgemein eine Person, welche zu besonderer Verwaltung einer Sache von einem höhern verordnet wird."
[84] Was der Verfasser unter Kabinett („Cabinet") verstand, war die „Kurf. geheime Staats-Konferenz", zu der damals Erzbischof und Kurfürst Friedrich Carl Joseph, der Oberhofmeister – das war ihm sein Bruder Lothar Franz Michael Freiherr von Erthal; zu diesem vgl. Anm. 86 –, drei geheime Staatsräte, ein geheimer Referendar sowie drei geheime Sekretäre gehörten; vgl. Hof- und Staats-Kalender 1783 (wie Anm. 39), S. 84 f., sowie dgl. 1784 (wie Anm. 39), S. 84 f. Bei der Regierung handelte es sich um das „K. Hofraths- und Landes-Regierungs-Kollegium"; zur damaligen Zusammensetzung dieses Kollegiums und zu seinen weiteren Mitarbeitern vgl. Hof- und Staats-Kalender 1783, S. 110-118, sowie dgl. 1784, S. 110-118. Während letzteres für die allgemeine Landesverwaltung zuständig war, befaßte sich erstere mit der inneren und auswärtigen Politik und den Reichsangelegenheiten; vgl. *Hans Goldschmidt*, Zentralbehörden und Beamtentum im Kurfürstentum Mainz vom 16. bis 18. Jahrhundert (Abhandlung zur Mittleren und Neueren Geschichte, Heft 7), Berlin / Leipzig 1908, S. 89-93, 98-103 u. 178-184, sowie *Günter Christ*, Erzstift und Territorium Mainz, in: Friedhelm Jürgensmeier (Hrsg.), Handbuch der Mainzer Kirchengeschichte, Bd. 2: Erzstift und Erzbistum Mainz. Territoriale und kirchliche Strukturen (Beiträge zur Mainzer Kirchengeschichte, Bd. 6,2), Würzburg 1997, S.

wegen, Ihnen darf ich es gestehen, suchte ich des nun überall mit Hohn belegten Mannes Bekanntschaft, um zu sehen, ob er würklich so schwarz sey; wenn er's wäre, ob nicht zu bessern; und wenn er's nicht wäre, ihn mit der Menschheit auszusöhnen, gegen die er nothwendig grißgramen muß, da sie ihn so lohnt. Er war – doch ich will schweigen; seine Geschichte ist zu weitläuftig, und verdiente wohl, um der Menschheit willen, in ein ganzes Licht gesetzt zu werden, weil sie wahrhaft ein Beweis ist, daß man mit Schurken am Hofe Schurke mit werden, oder gehen müsse, wenn man nicht gejagt werden wolle. Von allem dem, was man ihm nachredet, ist weiter nichts gegründet, als daß er sich aus Diensteifer, oder, wie man sagt, um recht wohl bey unserm Churfürsten zu stehen, gegen alles Zureden seiner Freunde, mit keinem andern im Cabinette gehalten, und also bey verschiedenen Gelegenheiten ihnen auf den Fuß getreten, wogegen sie sich treulich zu rächen wußten. Geständig sind aber gleichwohl alle, auch seine ärgsten Feinde, daß er sich nie hat bestechen lassen; und das ist doch bey so einem Manne schon ein großes Argument für ihn."

Dieser zweite Artikel über den Wilddiebsprozeß, vor allem aber die Charakterisierung des Hof- und Regierungsrates Philipp Jakob Christoph von Haupt und seines Umfeldes im zuletzt zitierten Abschnitt, mißfiel dem Mainzer Hof insgesamt und vor allem Erzbischof und Kurfürst Friedrich Carl Joseph, weshalb er sich auf diplomatischem Wege über Goekingk beschwerte[85]: Am 20. Oktober wandte sich Lothar Franz Michael Freiherr von Erthal (1717-1805)[86], Bruder und leitender Minister[87] des Erzbischofs und Kurfürsten, aus Aschaffenburg mit einem Schreiben[88], dem eine Note vom gleichen Tag beilag, an den in Praunheim bei Frankfurt am Main residierenden preußischen Gesandten für das Erzstift Mainz, Gottfried Adam Freiherr von

---

15-444 u. 593-612, dies S. 33 u. 38. Da Strauß beiden Einrichtungen angehörte, erscheint die Argumentation des Einsenders auf den ersten Blick nicht weiterzuhelfen, doch ist aufgrund der Verwaltungsstruktur und seiner Kompetenzen anzunehmen, daß Strauß die Ernennung nicht in seiner Eigenschaft als Staatsrat, sondern als Regierungs- und Kanzleidirektor, mithin also als Mitglied des Hofrats- und Landesregierungskollegiums, unterschrieb.

[85] Die nun herangezogenen Schriftstücke belegen eindeutig, daß die von *Brückner* (wie Anm. 58), S. 156, vertretene Ansicht, Goekingk habe wegen seiner Berichterstattung über die Wallfahrt nach Walldürn die Redaktion seiner Zeitschrift niederlegen müssen, nicht zutrifft.

[86] Zu diesem vgl. *[Martin Balduin] Kittel*, Geschichte der freiherrlichen Familie von und zu Erthal. Aus den Quellen dargestellt, in: Archiv des historischen Vereines von Unterfranken und Aschaffenburg 17 (1865), Heft 2-3, S. 97-255, dies S. 192-195 u. 229-248, sowie *Sigrid von der Gönna*, Hofbibliothek Aschaffenburg. Ihre Geschichte in der Tradition der Kurfürstlich Mainzischen Bibliothek, Wiesbaden 1982, S. 150 f., 185-190 u. 214.

[87] Er war damals mainzischer Geheimer Rat, Oberhofmeister und Hofgerichtspräsident und seit 1782 in seiner Eigenschaft als Oberhofmeister – nach dem Erzbischof und Kurfürsten – ranghöchstes Mitglied der Geheimen Staatskonferenz; vgl. Hof- und Staats-Kalender 1784 (wie Anm. 39), S. 84, 89 u. 121, sowie *Goldschmidt* (wie Anm. 83), S. 181. Faktisch war er damals Minister, aber den Titel ‚Staats- und Konferenzminister' erhielt er erst 1790; vgl. *Goldschmidt* (wie Anm. 84), S. 182.

[88] Lothar Franz Freiherr von Erthal (Aschaffenburg, 22. Oktober 1784; Kanzleiausfertigung mit eigenhändiger Schlußformel und Unterschrift: „ganz gehorsamer Diener, Fr[ei]h[err] von Ehrthal") an Gottfried Adam Freiherr von Hochstetter – es gab damals zwar zwei preußische Gesandten für Mainz (vgl. Anm. 89), doch aufgrund der Anrede „Hochwohlgebohrner Freyherr!" kann nur einer der beiden, vermutlich der ältere Hochstetter, gemeint gewesen sein –: Geheimes Staatsarchiv Preußischer Kulturbesitz, I. HA, Rep. 11, Mainz [164], H 132 a 1 (künftig: GStA).

Hochstetter[89], und bat um deren Weiterleitung nach Berlin. Die Note hatte folgenden Wortlaut[90]:

„Note.

Unter den gemeinnützigen Bemühungen, wodurch die deutschen Schriftsteller sich zum Vortheile der Gelehrsamkeit auszeichnen, und wovon die könig[lich] preusischen Staaten vor andern die zahlreichsten Beyspiele aufzuweisen haben, konnte es nicht fehlen, daß auch der Privat-Eigennutz sich einmischen, und zu Misbräuchen der Preßfreyheit sowohl als zu solchen literarischen Produkten den Anlaß geben würde, welche mehr der Habsucht ihrer Verfasser und Herausgeber, als der Verbreitung nützlicher Kenntnisse gewidmet sind.

Zu dieser Klasse von Schriften setzen sich schon eine Zeit her verschiedene periodische Werke herunter, die in der Absicht, um die Vortheile eines ausgedehnten Debits[91] durch die Malignität[92] eines grosen Theils des müsigen Publikums zu erzielen, die Gestalt förmlicher Pasquillen-Sammlungen[93] dadurch annehmen, da sie unbekannten, übelgesinnten, und bösartigen Privatpersonen den Weeg öfnen, theils durch anonimische falsche Nachrichten, theils durch ungescheute ehrenrührische Schimpfungen dem Leumund[94] offentlicher Staatsbediente, und selbst dem Ruhme der Höfe und Regenten zu nahe zu tretten.

Auf solche Art sind dem zu Ellrich ausgehenden Journale von und für Deutschland, welches den dasigen königlich preusischen Kanzleydirektor Göcking zum Verfasser hat, schon mehrfältige Stellen eingeflossen, die wider die hierländischen kuhrf[ür]st[lich]en Regierungsanstalten im Geist- und Weltlichen ohne Benennung des Nachrichtgebers theils ganz erdichtete, theils in den Haupt-Umständen

---

[89] Dieser war 1768-1787 preußischer Gesandter (bevollmächtigter Minister) für das Erzstift Mainz, außerdem 1777-1787 (Minister) für Bayern, 1768-1790 (Minister) für den Oberrheinischen Kreis, 1768-1790 (Resident) für Frankfurt am Main und 1768-1785 (Minister) für Pfalz-Zweibrücken, sein Neffe Johann Ludwig Freiherr von Hochstetter war – zeitweise gemeinsam mit seinem Onkel – 1781-1787 preußischer Gesandter (bevollmächtigter Minister) für das Erzstift Mainz, 1781-1787 (Minister) für Bayern, 1781-1805 (bevollmächtigter Minister) für den Oberrheinischen Kreis und 1781-1798 (Resident) für Frankfurt am Main; vgl. Repertorium der diplomatischen Vertreter aller Länder seit dem Westfälischen Frieden (1648), Bd. 3: 1764-1815, hrsg. v. Otto Friedrich Winter, Graz / Köln 1965, S. 322, 326 f., 332 u. 335.

[90] Mainzische Note (Aschaffenburg, 22. Oktober 1784; Kanzleiausfertigung mit Unterschrift „Fr[ei]h[err] von Ehrthal"): GStA (wie Anm. 88).

[91] Vgl. *Zedler* (wie Anm. 15), Bd. 7, Graz 1961 (Reprint der Ausgabe Halle / Leipzig 1734), Sp. 294: „*Debet,* Frantzösisch *Debit,* die Schuld, der Abgang, der Vortrieb, der Verkauff. Jnsonderheit wird bey denen Kauffleuten dieses Wort gebraucht für, **Er soll**. Jngleichen heist es der Gewinn und Verlust. Ferner, was man empfängt."

[92] Bösartigkeit, Bosheit, Mißgunst, von lat. ‚malignitas'; vgl. *Karl Ernst Georges*, Ausführlich lateinisch-deutsches Handwörterbuch. Aus den Quellen zusammengetragen und mit besonderer Bezugnahme auf Synonymik und Antiquitäten unter Berücksichtigung der besten Hilfsmittel ausgearbeitet. Unveränderter Nachdruck der achten verbesserten und vermehrten Auflage von Heinrich Georges, Bd. 2, Darmstadt 1983, Sp. 780.

[93] Vgl. Anm. 97 sowie *Zedler* (wie Anm. 15), Bd. 9, Graz 1982 (Reprint der Ausgabe Halle / Leipzig o. J. [1734]), Sp. 209: „*Famosum Carmen,* ein Paßqvill, Schmäh-Schrifft, welche zu eines Schmach und Beschimpffung zusammen geschrieben, gesungen, u. *proponir*t wird. [...] *Famosus Libellus,* ein Paßqvill, ist eine solche Schrifft, welche von einem verborgenen *Auctore animo infamandi* ist ans Licht gegeben worden, und einem ein Verbrechen, nach welchen auf den, so es begangen, *Infamia,* oder eine Ehren-Verletzung käme, beymisset. [...] Z. E. Wenn C. in einer angeschlagenen oder ausgestreuten Schrifft beschuldigt wird, er gebe seine Frau iedem, wer nur wolle, zum besten, er nehme gestohlne Sachen auf, ingleichen weñ an ein Hauß, wo Jungfern wohnen, ein Zettel angeschlagen wird, des Jnnhalts, in diesem Hause sind Stutten im Bette zu vermiethen."

[94] Vorlage: „der Leymuth".

völlig verkehrte, auch dabey mit solchen Anspielungen, und Misdeutungen begleitete Nachrichten enthalten, daß die Absicht der Verletzung des obrigkeitlichen Ansehens, oder sonstiger persönlichen Antastungen sich augenfällig dabey zu erkennen giebt.

Jnsbesondere lieferte das 7te Stück dieses Journals Seite 38. und 39.[95] noch neuerlich ein vorgebliches anonimisches Schreiben, worinn, unter Voraussetzung eines sehr unrichtigen Zusammenhanges von Umständen, eine unanständige offenbare <u>Anzüglichkeit</u> wider den hiesigen Hof vorkömmt.

Seine kuhrfürstlichen Gnaden zu Mainz haben sich den Jnnhalt dieser Stelle zur eigenen höchsten Einsicht vorlegen lassen, und da Sie sich von der erhabensten weisen Denkungsart S[eine]r königl[lich] preusischen Majestät[96] im voraus auf das vollkommenste überzeugt halten dörfen, daß Höchst-Sie die Ausstreuung <u>anonimischer falscher</u> Nachrichten, besonders dort, wo solche mit Unglimpf, und Anzüglichkeit gegen ansehnliche Höfe erscheinen, in ihren Landen und Staaten nie zu dulden gemeinet sind, wohl aber eine solche dem Eigennutze des Journalisten, und den Jntriguen oder Leidenschaften verborgener Pasquillanten[97] allein beförderlich seyn könnende Ausartung eines sonst zu belobenden Jnstituts der ernstlichsten erleuchtesten Einschränkung und Ahndung würdig erachten werden; So hat Unterschriebener den kuhrf[ür]st[lich]en höchsten Auftrag erhalten, der königl[lich] preusischen löblichen Gesandschaft von dieser Bewandniß mit dem geziemenden Ersuchen die Eröfnung zu thun, daß Derselben gefällig seyn möge, bey der königl[lich] preusischen hohen Ministerialbehörde die behufige Einleitung zu dem Ende zu treffen, damit dem Journalisten Göcking die Einsendung des von[98] Jhm eingerückten anonimischen Aufsatzes, so wie die Nahmhaftmachung des Jhm allenfalls bekannten Verfassers auferlegt, auch Demselben zugleich der nachdrückliche Befehl ertheilt werden möge, die von Jhm ausgebreitete den hiesigen Hof betreffende anonimische Anzüglichkeiten, soviel an Jhm ist, zu wiederrufen, und zu entkräften, auch für die Zukunft sich derley den hiesigen Hof betreffenden anzüglichen Ausstreuungen gänzlich zu enthalten.

Seine kuhrfürstlichen Gnaden werden solches als ein neues Merkmal der königlichen Gerechtigkeits-Liebe, und der allerverehrlichsten Rücksicht, die Höchstdieselben den billigen Anträgen ihrer Reichsmitstände so ruhmvollest zu bewähren pflegen, zu erkennen, und zu verehren haben. Aschaffenburg den 22ten Oktober 1784.

                                Fr[ei]h[err] von Ehrthal."

---

[95] Vgl. Anm. 75.
[96] Vgl. Anm. 99.
[97] Vgl. Anm. 93 sowie *Zedler*, Bd. 26 (wie Anm. 24), Sp. 1147: „**Pasquillant, Pasquillanten**, werden diejenigen genennet, welche einem andern mit verschwiegenem oder erdichtetem Namen entweder durch öffentliche Schmähschriften oder Schand-Gemählde u. d. g. solche Dinge vorwerffen und aufrücken, welche ihm nothwendig nicht allein zu seiner selbsteigenen Bekränckung, sondern auch bey andern zu nicht geringer Beschimpffung gereichen."
[98] Vorlage: „vom".

Daraufhin wandte sich die preußische Gesandtschaft in Praunheim am 29. Oktober an König Friedrich[99], dem sie die mainzische Note nebst Begleitschreiben übersandte[100], und bat, um das seit einiger Zeit größere Entgegenkommen des Erzbischofs und Kurfürsten gegenüber preußischen Wünschen aufrechtzuerhalten, „dem Ansuchen S[eine]r Kurfürstlichen Gnaden in dieser Sache zu willfahren". Nachdem der König die Angelegenheit am 8. November in einer Konferenz erörtert hatte[101], entwarfen drei Tage darauf die beiden für auswärtige Angelegenheiten zuständigen Kabinettsminister Karl Wilhelm Graf Finck von Finckenstein[102] und Ewald Friedrich Freiherr von Hertzberg[103] Schreiben an die Regierung[104] in Halberstadt und an das Generaldirektorium[105].

Der Regierung in Halberstadt wurde namens des Königs unter Bezug auf eine beigefügte Abschrift der mainzischen Note mitgeteilt[106], daß Kanzleidirektor Goekingk

---

[99] Das war Friedrich II., der Große (1712-1786), 1740-1786 König in bzw. (ab 1772) von Preußen; zu diesem vgl. *Theodor Schieder*, Friedrich der Große. Ein Königtum der Widersprüche, Frankfurt am Main / Berlin / Wien 1983, *Jürgen Ziechmann*, Biographie Friedrichs des Großen, in: ders. (Hrsg.), Panorama der Friderizianischen Zeit. Friedrich der Große und seine Epoche. Ein Handbuch (Forschungen und Studien zur Friderizianischen Zeit, Bd. 1), Bremen 1985, S. 923-930, sowie *Rudolf Vierhaus*, Friedrich II., der Große, König in, seit 1772 von Preußen, in: Deutsche Biographische Enzyklopädie, Bd. 3, hrsg. v. Walther Killy, Darmstadt 1996, S. 468-471.

[100] Gottfried Adam Freiherr von Hochstetter und Johann Ludwig Freiherr von Hochstetter (Praunheim, 29. Oktober 1784, geschrieben von letzterem; Eingangsvermerk vom 6. November 1784) an König Friedrich: GStA (wie Anm. 88).

[101] Vgl. die mit „In Conf. den 8. nov. 1784" überschriebene Aufzeichnung: GStA (wie Anm. 88). Zur damaligen Regierungspraxis vgl. *Werner Vogel*, Zur Entwicklung der Verwaltungsbehörden unter Friedrich dem Großen, in: Ziechmann (Hrsg.), Panorama (wie Anm. 99), S. 460-469, dies S. 460: „Als unumschränkter Herrscher und erster Diener seines Staates regierte Friedrich aus dem Kabinett. Das Lesen und Beantworten der eingehenden Post (Briefe, Berichte, Bittgesuche usw.) erledigte er in hohem Maße selbst. Er diktierte bereits am frühen Morgen seinen Kammersekretären und versammelte dann die Minister, um sie einzeln in Sachfragen zu hören. Selbst in untergeordneten Verwaltungsangelegenheiten behielt sich Friedrich die Entscheidung vor." Zur Kabinettsregierung – das Kabinettsministerium war mit drei Staatsministern und fünf Räten besetzt – vgl. ebd., S. 460 f.

[102] Zu diesem (1714-1800), von 1749 bis zu seinem Tod Kabinettsminister, vgl. *Lothar Graf zu Dohna*, Karl Wilhelm Finck v. Finckenstein, preuß. Staatsmann und Diplomat, in: Neue Deutsche Biographie, Bd. 5, Berlin 1961, S. 152-154.

[103] Zu diesem (1725-1795), 1763-1791 Kabinettsminister – sein 1791 gestelltes Abschiedsgesuch wurde zwar nicht förmlich bewilligt, doch durfte er sich von den Amtsgeschäften zurückziehen –, 1786 in den preußischen Grafenstand erhoben, vgl. *Stephan Skalweit*, Ewald Friedrich Graf (preuß. Gf. 1786) v. Hertzberg, preuß. Minister, in: ebd., Bd. 8, Berlin 1969, S. 715-717.

[104] Eine Regierung war das für eine Provinz zuständige Obergericht in Zivilsachen und nahm daneben auch einzelne Verwaltungsaufgaben wahr; vgl. *Vogel* (wie Anm. 101), S. 465 f., sowie unten Anm. 107.

[105] Das 1723 durch die Zusammenlegung der Generalfinanzdirektion und des General-Kriegskommissariats entstandene Generaldirektorium – Kurzform für: General-Ober-Finanz-Kriegs- und Domänen-Direktorium – war eine Zentralbehörde, die territorial in Departements gegliedert war, von denen jedes außerdem noch für bestimmte Sachgebiete zuständig war; vgl. *Walther Hubatsch*, Brandenburg-Preußen. C Verwaltungsentwicklung von 1713-1803, in: Kurt G. A. Jeserich, Hans Pohl u. Georg-Christoph von Unruh (Hrsg.), Deutsche Verwaltungsgeschichte, Bd. 1: Vom Spätmittelalter bis zum Ende des Reiches, Stuttgart 1983, S. 892-941, dies S. 899-902, sowie *Vogel* (wie Anm. 101), S. 461 ff.

[106] König Friedrich bzw. Finckenstein und Hertzberg (Berlin, 11. November 1784; Kanzleikonzept mit Vermerk, am 13. Reinschrift angefertigt und am 15. zur Post gegeben) an Regierung in Halberstadt: GStA (wie Anm. 88). Das Konzept ist mit Ad-mandatum-Formel versehen; vgl. dazu *Heinrich Otto Meisner*, Archivalienkunde vom 16. Jahrhundert bis 1918, Göttingen 1969, S. 246: „Eine besondere Rolle spielte sie in Preußen während des 18. Jh. Dem ‚Auf Seiner Königlichen Majestät Allergnädigsten Spezialbefehl' bzw. ‚Par ordre exprès du Roi' (in Konzepten: ad mand. oder A. S. B.) lag in der Regel keine konkrete Anordnung ad hoc zugrunde, obgleich auch dies möglich war, sondern es handelte sich um die Erledigung von Expeditionen ganzer Sachgruppen, die der Monarch durch einmaligen Befehl für alle Wiederholungsfälle delegiert hatte, und zwar ausschließlich an Zentralbehörden." Es handelte sich also um ein im Namen des Königs geschriebenes Ministerialreskript – vgl. Anm. 110 –, auf das die Antwort seitens der Empfängerin auch wieder an König Friedrich gerichtet wurde, allerdings mit dem Hinweis, daß Minister zur „Erbrechung" befugt; vgl. Anm. 132.

Leopold Friedrich Günther (von) Goe(c)kingk (1748-1828), 1785. Gemälde von Ernst Gottlob (1744-1796) nach Anton Graff (1736-1813); Vorlage: *Recke* (wie Anm. 124), Taf. 13. Zu diesen Künstlern vgl. Allgemeines Lexikon der bildenden Künstler von der Antike bis zur Gegenwart, begr. v. Ulrich Thieme u. Felix Becker, Bd. 14, hrsg. v. Ulrich Thieme u. Fred[erick] C. Willis, Leipzig 1921, S. 423 f., bzw. *Julius Vogel*, Anton Graff, in: ebd., S. 480-482.

bei der Kammerdeputation zu Ellrich[107] in seiner Zeitschrift, vor allem in deren „2ten und 7ten St."[108] – in der Note war nur vom siebten Stück die Rede, mithin hatten die Kabinettsminister sich das „Journal von und für Deutschland" genauer angesehen und festgestellt, daß sich der angeführte Artikel im Juli-Heft auf einen im Februar-Heft bezog –, „auf eine sehr beleidigende und ungeziemende Art verschiedene Nachrichten" über mainzische Beamten und Einrichtungen „aus anonymischen Briefen bekannt gemacht habe". Wegen der als begründet angesehenen Beschwerde sollte Goekingk zur Verantwortung gezogen und angehalten werden, „daß er den oder diejenigen angebe, von denen ihm diese Nachrichten und Artickel zugekommen sind, auch in seinem nächsten Stücke Alles dasjenige, was er in sein Journal zur Verunglimpfung von ChurMainz und Worms eingerückt, auf eine geziemende und befriedigende Art zurücknehme[,] auch sich deßhalb so erkläre, daß man damit in Mainz völlig zufrieden seyn könne". Außerdem sollte die Regierung ihn fragen, wer ihn zu dem Journal „in hiesigen Landen autorisiret habe? auch von wem bis itzt dessen Censur besorgt sey?".

Das Generaldirektorium, das Abschriften dieses Schreibens, des Gesandtschaftsberichts sowie des Schreibens des mainzischen Ministers Erthal erhielt[109], wies am 24. November die Hohensteinische Kammerdeputation in Ellrich an, die Regierung in Halberstadt bei ihren Untersuchungen zu unterstützen[110]. Letztere hatte sich am 22. November an Goekingk gewandt und ihn aufgefordert, sich am 22. Dezember „persönlich zu verantworten"; auf dieses am 30. November erhaltene Reskript[111] schrieb Goekingk, da seine „Gesundheitsumstände eine Reise über den Harz, bey jetziger

---

[107] Die in Ellrich sitzende Hohensteinische Kammerdeputation war ebenso wie die in Halberstadt der Kriegs- und Domänenkammer Magdeburg, die wiederum dem Generaldirektorium unterstand, nachgeordnet; vgl. *Hubatsch* (wie Anm. 105), S. 930 f., sowie *Vogel* (wie Anm. 101), S. 465 f., insbesondere S. 465: „Die mittlere Verwaltungsebene fußte auf der Basis der Provinzen [...]. Es findet sich hier der gleiche Dualismus wie in der Zentralverwaltung: konkurrierte dort das Generaldirektorium mit dem [...] Kabinettsministerium und Justizdepartement, so stehen in den Provinzen Regierung und Kammer nebeneinander, ja gegeneinander. Mit dem Wachstum des Staates erhöhte sich die Zahl der Kriegs- und Domänenkammern von neun auf zwölf bis zum Jahre 1786 [...], denen noch neun Kammerdeputationen angegliedert waren. Die Regierungen waren ein Relikt aus älterer Zeit, einst als Landesregierung für die gesamte Verwaltung der Provinz zuständig. [...] Daneben hatten sich die Kriegs- und Domänenkammern als die eigentlichen Verwaltungsorgane herausgebildet. Der Regierung war im wesentlichen nur der höhere soziale Rang und die Stellung als Obergericht in der Zivilgerichtsbarkeit geblieben. An Verwaltungsaufgaben nahmen sie vor allem die Hoheits-, Grenz- und Lehnssachen wahr, aber keineswegs ohne Konkurrenz der Kammer."
[108] Goekingk laut Protokoll vom 19. Januar 1785 (wie Anm. 133) dazu: „Er müste aber bemerken, daß lediglich über die letzte, nicht aber die erste Stelle, ChurMayntzischer Seits, Beschwerde geführt sey."
[109] Departement der auswärtigen Angelegenheiten (Berlin, 11. November 1784; Konzept mit Unterschriften Finckensteins und Hertzbergs) an Generaldirektorium: GStA (wie Anm. 88).
[110] Generaldirektorium namens König Friedrichs – vgl. Anm. 106 – (Berlin, 24. November 1784; Abschrift) an die Hohensteinische Kammerdeputation in Ellrich, Anlage zu: Generaldirektorium (Berlin, 24. November 1784; Eingangsvermerk vom 2. Dezember 1784) an Departement der auswärtigen Angelegenheiten: GStA (wie Anm. 88).
[111] Vgl. den Anfang des in Anm. 112 angeführten Schreibens: „Es ist mir gestern [= 30. November] von der Königl. Regierung zu Halberstadt durch ein Rescript vom 22ten v. M. anbefohlen worden, mich über die von dem Churmayntzischen Ministerio, wider mich, als Mitherausgeber des Journals von Deutschland, eingereichte Beschwerde, *in term.* d[en] 22ten *huj.* persönlich zu verantworten." Reskripte waren – im Gegensatz zur allgemeinen Dienstanweisung – Dienstbefehle in bestimmten Einzelfällen und zugleich „Ausdrucksform der allgemeinen staatsobrigkeitlichen Weisungsbefugnis, vollzogen entweder vom Herrscher mit eigenhändiger Unterschrift oder im Auftrag durch Behörden"; vgl. *Meisner* (wie Anm. 106), S. 143 u. 320 (Zitat).

Witterung, völlig unmöglich machen würden", am 1. Dezember an den Kabinettsminister Hertzberg[112], um sich zu rechtfertigen.

Zunächst erklärte Goekingk, daß er deshalb keine Bedenken gehabt hatte, den im Februar-Heft erschienenen Artikel über den Wilddiebsprozeß[113] zu veröffentlichen, „weil der Einsender weder ein Churfürstl. Maynzischer Bedienter, noch im Geringsten bey der Sache selbst interessirt gewesen ist"; außerdem „ist darin von solchen Gliedern des Churfürstl. *ehemaligen* Ministerii die Rede, welche zu der Zeit, als der Aufsatz entworfen und nachmals gedruckt wurde, nicht mehr in Diensten standen; und den persönlichen, ganz Deutschland als edel bekannten Charakter Se. Churfürstl. Gnaden zu Maynz, hat auch dieser Verfasser in dem gedachten Schreiben anerkannt". Getadelt wurden lediglich kurfürstliche Bediente, „die nach Jnnhalt des gedachten Schreibens" von ihren Stellen entweder entfernt worden oder ausgeschieden waren; „folglich fiel selbst das lezte Bedencken von meiner Seite hinweg". Als Goekingk dann erfuhr, „das ganze Verfahren sey nicht actenmäßig, sondern ganz unrichtig vorgestellt", wandte er sich mehrmals an den Einsender, erhielt aber keine Antwort. Daraufhin bat er den Verfasser „des Aufsatzes, über welchen eigentlich die Churmaynzische Ministerialnote Beschwerde führt, um eine Berichtigung" der Darstellung, „weil mit meinem Wissen und Willen keine einzige Unwahrheit im Journale stehen bleiben soll". Weiter schrieb Goeckingk:

> „Jch erhielt darauf den Aufsatz, der unter Nro. 4 S. 37 im 7ten St. abgedruckt ist[114]. Aus dem abschriftlich beygefügten Widerrufe[115], welchen ich heute für das 10te St. des Journals in die Druckerey schicke, werden Ew: Excellenz gnädigst zu ersehen geruhen, aus was für Gründen, so wenig mir als meinem Mitherausgeber, dem Domcapitular und Hofcammerpräsident[en], Frhrn. v. Bibra[116] zu Fuld, die Stelle, worüber das Hochpreißl. Churmaynzische Ministerium sich beschwert, bey ermangelnder Local-Kenntniß, in der Art hat auffallen können, als sie nunmehr auffällt. Höchstens kann uns beyden doch nur ein geringer Grad von Unvorsichtigkeit dabey zur Last gelegt werden. Jch schmeichle mir indessen, daß Se. Churfürstl. Gnaden zu Maynz, mir solche allergädigst zu verzeihen, und meinen Widerruf nach Höchstdero wohlbekannten Großmuth für genugthuend anzunehmen geruhen werden, ohne auf die Nennung des Einsenders zu bestehen."

Er hob hervor, „nicht zu der Classe von Schriftstellern, bey denen Eigennutz die erste Triebfeder ist", zu gehören, da der Überschuß aus seinem Zeitschriftenunternehmen für die bedürftige Witwe eines Schriftstellers und ihre sechs unmündigen Kindern gedacht war:

---

[112] Goekingk (Ellrich, 1. Dezember 1784; von anderer Hand, lediglich Datierung, Devotionsformel und Unterschrift eigenhändig, Eingangsvermerk vom 9. Dezember 1784) an Hertzberg: GStA (wie Anm. 88).
[113] Der oben nach Anm. 36 zitierte Text.
[114] Vgl. Anm. 75 sowie die nach Anm. 76, 78 und 79 zitierten Texte.
[115] Komplett von der gleichen Hand geschrieben wie das in Anm. 112 genannte Schreiben.
[116] Zu Philipp Anton Freiherr von Bibra (1750-1803), seit 1778 Mitglied des Fuldaer Domkapitels, war 1782 Kammerpräsident des Hochstiftes Fulda geworden und wurde dort 1786 Regierungspräsident, was er auch nach der Säkularisation des Hochstiftes im neuen Fürstentum Fulda bis zu seinem Tod blieb, vgl. *Braubach* (wie Anm. 34), S. 5-9.

„Es ist mir daher desto leichter gewesen, als Herausgeber des Journals unpartheyisch zu seyn. So sind mehrerer von Se. Churfürstl. Gnaden zu Maynz zum Besten Höchstdero Unterthanen, und zu Aufnahme der Wissenschaften gemachten vortreflichen Anordnungen in dem Journal rühmlichst gedacht worden, und ich selbst habe von diesem Fürsten allemal, mit der seiner höchsten Würde und seinen persönlichen Eigenschaften schuldigen Ehrerbietung, in dieser Monatsschrift gesprochen. Eben um dieser nähern Kenntniß seines erhabenen Characters willen, setze ich auch jezt mein Vertrauen auf seine Grosmuth."

Die Fragen nach Erlaubnis, Druckort und Zensur seiner Zeitschrift beantwortete Goekingk anschließend folgendermaßen:

„Jch soll mich ferner verantworten, wer mich zu diesem Journale, welches Jntelligenzmäßige[117] öffentliche Anzeigen pp enthalte, authorisirt habe? Jch muß gestehen, daß ich dazu eine ausdrückliche Erlaubniß einzuhohlen, um deshalb nicht für erforderlich gehalten, weil, wie bekannt, theils mehrere Journale von der Art schon seit mehreren Jahren in Deutschland herauskommen, ohne daß aufgeklärte Landesregierungen sie verboten hätten, weil der grosse Nutzen, welcher dadurch gestiftet wird, den wenigen zufälligen Schaden doch unendlich überwiegt; theils, weil sowohl ich, als mein Mitherausgeber, uns öffentlich genannt haben, und eigentlich nicht gesagt werden kann, daß wir die Nachrichten aus anonymischen Briefen bekannt machten, da wir nichts, was einem Dritten nachtheilig seyn könne, für das Journal annehmen, ohne uns des Einsenders zu versichern. Jch weiß übrigens nicht, in wiefern ein Dritter das geringste dabey verlieren könne, daß ich aus allen deutschen Zeitungen und Jntelligenzen, die Todesfälle, Beförderungen pp zum Nutzen des Publici für das Journal sammle; daher ich auch hoffe, daß ich nicht werde gezwungen werden, an der Einrichtung des Journals das geringste zu ändern. Jch kan aber um so mehr versprechen, daß die erste Beschwerde, welche über dieses Journal bey Ew: Frhrrl. Excellenz eingekommen ist, zugleich die lezte seyn werde, weil ich eben deshalb den Hofcammerpräsident Frhrrn. v. Bibra, zur Mitherausgabe vermogt habe, damit nichts mehr einschleichen möge, was eine gegründete Beschwerde veranlassen könnte; denn für ungegründete, wo man sich blos beschwert, ohne Beweis zu führen, ist freilich kein Schriftsteller sicher, welcher Facta erzählt. Die aufgeklärte deutsche Nation würde aber bald in die vorige Finsterniß zurücksinken, wenn man keine einzige, klar bewiesene Ungerechtigkeit pp mehr an das Licht ziehen dürfte. Was mich betrifft, so könnte ich mit diesem Jahre das Journal wieder aufgeben, wenn ich es nicht für Pflicht hielte, die Zeit, welche mir in einem so elenden Städtchen, wie der Ort meines Aufenthalts ist, von meinen unbeträchtlichen Dienstgeschäften übrig bleibt, zum Besten des Publikums anzuwenden.

---

[117] Also in der Art eines Intelligenzblattes. Intelligenzblätter waren „täglich oder an bestimmten Tagen der Woche auszugebende gedruckte Sammlungen solcher Notizen, welche schleunig in einem gewissen Kreise, z. B. Stadt, Land, Bezirk &c., zur öffentlichen Kenntniß (Jntelligenz) kommen sollen. Denn *Intelligentia* heißt häufig im guten Latein: Kenntniß von Etwas, Einsicht in Etwas"; vgl. *Johann Karl Immanuel Buddeus*, Jntelligenzblätter, in: Ersch u. Gruber (wie Anm. 1), Sektion 2, Tl. 19, hrsg. v. Andreas Gottlieb Hoffmann, Leipzig 1841, S. 293-296, Zitat S. 293.

Das Journal ist im Lande, nämlich zu Wernigerode gedruckt."

Zum Schluß bemerkte Goekingk, daß für die Zensur, um die er sich nicht gekümmert habe, am Druckort ein Zensor zuständig sei; er bat darum, ihn „von aller weiterer Untersuchung gnädigst zu dispensiren" und es „bey der bisherigen Censur bewenden zu lassen".

Den in seinem obigen Schreiben vom 1. Dezember erwähnten und diesem in Abschrift beigefügten Widerruf, den Goekingk nach eigener Aussage am gleichen Tag zur Druckerei schickte, erschien in der Tat im zehnten Heft seiner Zeitschrift. Da dieses rechnerisch das Oktober-Heft war und auch als solches bezeichnet wurde, so ergibt sich daraus, daß das „Journal von und für Deutschland" gegenüber der geplanten Erscheinungsfolge im Rückstand war[118]. Goekingks Widerruf erschien auf der letzten Seite dieses Heftes[119]:

„Widerruf.

In der Berichtigung des Wilddiebes-Processes im W–schen, welche dem VII St. dieses Journals eingerückt worden, sind am Schlusse, (S. 38 u. 39), von den Worten an: ‚Noch muß ich Ihnen sagen' &c. bis zum Ende[120], verschiedene Aeußerungen angehangen, die ganz und gar nicht zur Sache gehören, Bitterkeit verrathen, und wie es scheint einige beleidigende Anspielungen enthalten, die zwar dem auswärtigen Leser nicht aufgefallen seyn können, an Ort und Stelle aber desto mehr Gährung verursacht haben mögen. Ich würde diese Stelle gleich ganz weggestrichen haben, wenn ich mich nicht aus dem Aufsatze, der diese Berichtigung veranlaßt hat, erinnert hätte, daß von einem Ministerio die Rede sey, welches jetzt nicht mehr besteht, (S. d. Journ. 2 St. S. 114, Z. 3, v. u.[121]) mithin nicht wußte, ob überall von noch lebenden, oder bereits verstorbenen Personen, die Rede sey? Ueber dieses ist S. 38 u. 39 keiner bey Namen genannt, als bloß die Person, für welche der Verf. hier ganz am unrechten Orte in Eifer geräth. Daß der ganze Zusatz höchst unschicklich und unnöthig sey, scheint der Verf. hinterher selbst gefühlt zu haben, weil er in einem Briefe an mich, den ich aber erst erhielt, als der Aufsatz schon abgedruckt war, von selbst erklärte: daß er diesen Zusatz nur zu meiner Privat-Notiz beygefügt habe. Ich habe schon einmal erklärt[122], daß ich dergleichen ganz und gar nicht verlange. Was ich nicht getrost dem Publicum wieder erzählen kann, das mag man immerhin für sich behalten, denn ich opfre mein ganzes Privat-Interesse mit Vergnügen dem Publ. auf, so lange ich hoffen kann, Gutes da-

---

[118] Hatte das Januar-Heft noch „in den ersten Tagen des Februars versendet werden" sollen – s. S. 56 –, so hatte Goekingk das letzte Manuskript für das Juli-Heft erst Ende August zur Druckerei geschickt; vgl. Protokoll vom 19. Januar 1785 (wie Anm. 133): „Seine Abreise [nach Berlin] sey gegen das Ende des *Augusts* gefallen [...]. [...] So viel erinnerte sich Herr *Comparent*, daß er am Tage der Abreise, die letzten Bogen des *Manuscripts*, zum 7ten Stück, in die Druckerey abliefern laßen." Als er Mitte September zurückkam, war das Juli-Heft gedruckt und bereits „an 300. Exemplarien davon versandt worden".

[119] Journal von und für Deutschland 1784/II, S. 288. Diese gedruckte Fassung stimmt bis auf geringe Varianten (z. B. „VII St." statt „7ten", „Wilddiebes" statt „Wilddiebs") mit der in Anm. 114 angeführten handschriftlichen überein.

[120] Der oben nach Anm. 79 zitierte Text.

[121] S. o. S. 59.

[122] Vgl. Anm. 14.

durch zu stiften. Dagegen[123] sollte man aber auch so billig seyn, meiner Ruhe zu schonen, und mich nicht verleiten, solche Nachrichten in das Journal aufzunehmen, die ich, bey mangelnder Local-Kenntniß, nicht genau beurtheilen kann. Dieses ist z. B. der Fall bey der oben angeführten Stelle. Hat der Einsendende darinn einen schiefen Seitenblick auf noch lebende, oder gar noch in hohen Würden stehende Personen gethan, so kränkt es mich zwiefach, diese mittelbarer Weise beleidiget zu haben, ob ich gleich noch in diesem Augenblicke keinen davon, nur einmal dem Namen nach kenne, aus andern, zum Theil selbst in diesem Journale, bekannt gemachten Nachrichten aber vollkommen überzeugt bin, daß jene Aeußerungen des Verf. in so fern sie sich auf jetzige Verfassung beziehen sollen, völlig grundlos sind, daher die Leser des Journals jene Stelle ansehen werden, als wenn sie gar nicht abgedruckt wäre, weil ich alles das, woraus man nachtheilige Folgerungen für einen Dritten ziehen könnte, hiermit zurück nehme, um auch der kleinsten Mißdeutung zuvor zu kommen.

Ueberhaupt habe ich seit der Herausgabe dieses Journals nur gar zu oft zu bemerken Gelegenheit gehabt, daß man mich aus den Churf. Maynzischen Landen mit unwahren und sich widersprechenden Nachrichten hat hintergehen wollen, und zuweilen auch wirklich hintergangen hat, ob ich gleich nicht von der 10ten Nachricht, die mir von daher zugekommen ist, Gebrauch gemacht habe. Allein eben diese Widersprüche und zum Theil ganz offenbar als falsch hinterher gebrandmarkten Nachrichten, haben mich nothwendig endlich so mißtrauisch machen müssen, daß ich mich genöthiget sehe, alle fernere Correspondenz von daher zu verbitten, weil die ewigen Widersprüche, Berichtigungen, Widerrufe &c. dem Publ. eben so unangenehm als mir selbst werden müssen. Das Vergangene soll mir vergangen seyn. Es erwarte aber keiner von meinen Correspondenten, daß ich künftig ihnen ohne Beweis auf ihr Wort glauben werde, da Leidenschaften jedes Ding immer durch ein anderes Medium zeigen.

Ich hoffe, durch diese Erklärung, das Verlangen derer, welchen ich mittelbar, durch den Abdruck solcher Nachrichten zu nahe getreten bin, erfüllt zu haben; ich selbst habe dabey mehr gelitten als sie, denn es ist eine der unangenehmsten Erfahrungen, die ein rechtschaffener Mann machen kann, auf Kosten seiner eigenen und der Ruhe eines Dritten, verleitet zu werden, eine Unwahrheit als wahr zu erzählen.   Goekingk."

Goekingk hatte allerdings nicht nur den amtlichen Weg eingeschlagen, sondern auch persönliche Beziehungen spielen lassen, nämlich über die damals durch Deutschland reisende und mit ihm befreundete baltendeutsche Schriftstellerin Elisa Freifrau von der Recke (1754-1833)[124]. Denn diese, die ihm und dessen zweiter Frau am 8. No-

---

[123] Vorlage: „Dagegegen".
[124] Sie war das erste Kind der seit 1753 verheirateten Eheleute Johann Friedrich (1779 Reichsgraf) von Medem (1722-1785) und Luise Dorothea geb. von Korff (gest. 1758) und hatte die Vornamen – so unterschrieb sie auch 1824 den Nachtrag zu ihrem Testament von 1811 – Charlotta Elisabeth Constanzia, als Schriftstellerin nannte sie sich seit 1783 Elisa, und unter diesem Vornamen, der schließlich ihren ursprünglichen Rufnamen Charlotta bzw. Lotta verdrängte, wurde sie bekannt; sie hatte 1771 Georg Peter Magnus Freiherr von der Recke (1739-1795) geheiratet, 1776 trennte sich das Paar, und 1781 wurde die Ehe geschieden. Vgl. *Paul Rachel* (Hrsg.), Elisa von der Recke [I]. Aufzeichnungen und Briefe aus

vember erstmals begegnet war[125], bat während ihres vom 7. bis zum 10. Dezember dauernden ersten Erfurt-Besuchs[126] den dortigen mainzischen Statthalter, Carl Freiherr von Dalberg (1744-1817)[127], um Hilfe für Goekingk. Dalberg schrieb daraufhin am 12. Dezember an Sophie Freifrau von Coudenhove (1747-1825)[128], die Nichte des

---

ihren Jugendtagen, Leipzig ²1901, *ders.* (Hrsg.), Elisa von der Recke II. Tagebücher und Briefe aus ihren Wanderjahren, Leipzig 1902, *Elisa von der Recke*, Tagebücher und Selbstzeugnisse, hrsg. v. Christine Träger, München 1984, *Ingrid Bigler*, Elisabeth (Elisa) Charlotte Konstantia von der Recke (Ps. Elisa, Elise; geb. von Medem), in: DLL (wie Anm. 1), Bd. 12, hrsg. v. Heinz Rupp u. Carl Ludwig Lang, Bern / Stuttgart ³1990, Sp. 693-694, *Hans-Bernd Spies*, Dalberg und Elisa von der Recke, in: Spies (Hrsg.), Dalberg (wie Anm. 125), S. 84-96, *ders.*, Giacomo Casanova und Göran Sprengtporten, in: Personhistorisk tidskrift (Stockholm) 91 (1995), S. 105-118, dies S. 113-116, *Ruth Bombosch*, Casanova und seine letzte Freundin Elisa von der Recke, in: Giacomo Casanova. Známy – neznámý. Bekannt – unbekannt. K 200 výročí úmrtí Giacoma Casanovy 1798-1998. Zum 200. Todestag von Giacomo Casanova, hrsg. v. Jaromí Macek (Monografické studie Regionálního muzea v Teplicích. Monographische Studien des Regionalmuseums Teplice, Bd. 32), Teplice 1998, S. 129-142 (tschechische Übersetzung S. 145-154), sowie *Hans-Bernd Spies*, Elisa von der Recke und Lübeck (1794), in: Zeitschrift des Vereins für Lübeckische Geschichte und Altertumskunde 80 (2000), S. 381-392.

[125] Vgl. *Recke* (wie Anm. 124), S. 177 (Tagebuchnotiz vom 8. November 1791): „Vor sieben Jahren sah ich Göckingk und Amalia zum ersten Male! Amalia wurde mir immer lieber, und das Andenken meiner in Wülferode verlebten Tage war und ist von größtem Nutzen für mich!" Nach dem Tod seiner ersten Frau, Sophie geb. Vopel (1745-1781), hatte Goekingk 1782 deren Schwester Amalie (1756-1814) geheiratet; vgl. *Elschenbroich* (wie Anm. 1), S. 511. Zu Goekingk und Elisa von der Recke vgl. auch *Rachel* (wie Anm. 124), II, S. 151 f. u. 165: „Eine seiner vertrautesten Freundinnen ist Elisa von der Recke gewesen. Sie hat ihn zunächst in seinen Werken als Dichter schätzen lernen, als sie noch in Kurland lebte, Deutschland noch nicht besucht hatte. [...] Elisa wurde in Kurland durch solche Gedichte [poetische Epistel] mit geistigen Strömungen, die unter den Dichtern und Schriftstellern Deutschlands herrschten, bekannt. Mehr noch interessierten sie gewiß etliche von den satyrischen Gedichten, in denen Göckingk das absolute Fürstentum und die Beschränktheit des aufwachsenden jungen Adels geißelte. [...] Die beiden sind sich in jenen zwei Jahren [1784-1786] einander fürs Leben nahe getreten. Als den Dichter hatte ihn Elisa aus der Ferne angeschwärmt, als solchen hatte sie ihn aufgesucht. Als den Mann eines aufgeklärten Sinnes, als einen weltgewandten Geschäftsmann hat sie ihn besonders schätzen lernen. [...] Durch alle Wechselfälle des Lebens sind Elisa, Göckingk und Amalie Göckingk vertraute Freunde geblieben."

[126] Vgl. *Spies*, Dalberg und Elisa (wie Anm. 124), S. 84, 86 u. 88. Danach war sie vom 15. bis zum 16. Dezember und vom 4. bis zum 7. Januar 1785 erneut in Erfurt, wo sie Dalberg mehrmals traf; vgl. ebd., S. 88 f.

[127] Zu Carl Theodor Anton Maria Freiherr von Dalberg, von 1772 (ernannt 1771) bis 1802 Statthalter in Erfurt, 1802-1817 Erzbischof von Mainz bzw. Regensburg, als weltlicher Herrscher zuletzt 1810-1813 Großherzog von Frankfurt, vgl. außer der weiterhin heranzuziehenden Biographie von *Karl Freiherr von Beaulieu-Marconnay*, Karl von Dalberg und seine Zeit. Zur Biographie und Charakteristik des Fürsten Primas, Bd. 1-2, Weimar 1879, und der neusten von *Konrad Maria Färber*, Kaiser und Erzkanzler. Carl von Dalberg und Napoleon am Ende des Alten Reiches. Die Biographie des letzten geistlichen Fürsten in Deutschland (Studien und Quellen zur Geschichte Regensburgs, Bd. 5), Regensburg 1988, die Sammelbände von *Konrad M[aria] Färber, Albrecht Klose* u. *Hermann Reidel* (Hrsg.), Carl von Dalberg – Erzbischof und Staatsmann (1744-1817), Regensburg 1994, *Hans-Bernd Spies* (Hrsg.), Carl von Dalberg 1744-1817. Beiträge zu seiner Biographie (Veröffentlichungen des Geschichts- und Kunstvereins Aschaffenburg, Bd. 40), Aschaffenburg 1994, sowie *Karl Hausberger* (Hrsg.), Carl von Dalberg. Der letzte geistliche Reichsfürst (Schriftenreihe der Universität Regensburg, Bd. 22), Regensburg 1995, und schließlich *Carl von Dalberg*, Ausgewählte Schriften, hrsg. v. Hans-Bernd Spies (Veröffentlichungen des Geschichts- und Kunstvereins Aschaffenburg, Reihe Nachdrucke, Bd. 3), Aschaffenburg 1997.

[128] Zu dieser, geb. Gräfin von Hatzfeldt-Wildenburg, seit 1772 verheiratet mit Georg Ludwig Freiherr von Coudenhove (1734-1786), als Witwe 1790 mit ihren Söhnen in den Reichsgrafenstand erhoben, vgl. *Beaulieu-Marconnay* (wie Anm. 126), Bd. 1, S. 66 f., Gothaisches Genealogisches Taschenbuch der Freiherrlichen Häuser 53 (1903), S. 113, *Theodor Josef Scherg*, Dalbergs Hochschulstadt Aschaffenburg, Bd. 3: Aschaffenburger Akademiker der Karls-Universität (1798-1818) und des bayerischen Lyceums (1818-1873), Aschaffenburg 1951, S. 54 ff., *Walter von Hueck* (Bearb.), Adelslexikon, Bd. 2 (Genealogisches Handbuch des Adels, Bd. 58), Limburg 1974, S. 355, sowie Europäische Stammtafeln. Stammtafeln zur Geschichte der europäischen Staaten, N. F., hrsg. v. Detlev Schwennicke, Bd. 8: West-, mittel- und nordeuropäische Familien, Marburg 1980, Taf. 114.

Erzbischofs und Kurfürsten Friedrich Carl Joseph, in dieser Angelegenheit[129]: Die sehr liebenswürdige Freifrau von der Recke („très aimable femme, la baronne de Reck") hat mich inständig gebeten („m'a prié instam̃ent"), mich für einen armen Teufel von Autor namens Goekingk („pour un pauvre diable d'auteur, nom̃é Göking") zu interessieren, der nach Veröffentlichung eines ungebührlichen Artikels gegen Mainz („un article insolent contre Mayence") in seiner Zeitschrift vom Minsterium in Berlin aufgefordert wurde, dessen Verfasser zu nennen. Goekingk ist bereit, den Artikel zu widerrufen („il est pret à révoquer l'article"), keinesfalls aber, seinen Korrespondenten zu nennen, der außerdem nicht aus dem Erzstift Mainz stammt („qui de plus n'est pas du pays de Mayence"). Frau von der Recke, die seine Freundin ist („qui est son amie"), hat mich beschworen, mich dafür zu verwenden, daß der Kurfürst sich mit einem Widerruf zufriedengibt und nicht auf der Bekanntgabe des Verfassers besteht („m'emploïer pour que la bienfaisance de l'Elect daigne se contenter d'une révocation; et ne pas insister sur l'auteur"). Ich habe zuerst abgelehnt, mich in auswärtige Angelegenheiten einzumischen, aber Frau von der Recke hat so schöne Augen, ist so liebenswürdig („Mais Mme de Reck a de si beaux yeux! elle est si aimable.") und so ehrenhaft, „daß ich versprochen habe, Ihr gutes Herz anzuflehen! Verzeihen Sie dieses Gerede, und empfangen Sie die unveränderlichen Empfindungen meiner ehrerbietigen Zuneigung" („Si honnete que J'ai promit d'implorer votre bon coeur! pardonnés ce bavardage et agréés les Sentiments invariables de mon attachement respectueux.").

Ehe dieser Vermittlungsversuch Dalbergs etwas bewirken konnte, erging am 13. Dezember als Antwort auf das Schreiben an Kabinettsminister Hertzberg vom 1. Dezember[130] ein Ministerialreskript an Goekingk[131], mit dem dieser, dessen Entschuldigungsgründe die beiden Kabinettsminister als ebenso „unzureichend" ansahen wie seinen Widerruf, aufgefordert wurde, der Regierung in Halberstadt „unverzüglich" wegen seiner Zeitschrift „seine Entschuldigungen, Vertheidigungsgründe und Vorschläge zur künftigen unbedenklichen Einrichtung anzugeben, und kann er davon nicht *dispensi*ret werden". Daraufhin wandte sich Goekingk am 23. Dezember mit einer ausführlichen Stellungnahme an die Regierung in Halberstadt[132] und teilte darin u. a. mit, daß er „mit diesem Jahre die Herausgabe ganz und gar niederlegen" werde.

Bei seiner ursprünglich für den 22. Dezember vorgesehenen, aber dann auf den 19. Januar 1785 verschobenen „Vernehmlaßung" vor der Regierung in Halberstadt[133] wiederholte Goekingk seine früheren Bemerkungen und unterstrich außerdem, daß er die Namen der Einsender niemals angeben würde und er hoffe, Erzbischof und

---

[129] Carl Freiherr von Dalberg (E[rfurt], 12. Dezember 1784; eigenhändig, ohne Unterschrift) an Sophie Freifrau von Coudenhove: Moravský Zemský Archiv v Brně (Mährisches Landesarchiv Brünn), G 399 (Familienarchiv Dalberg), 76.
[130] Vgl. Anm. 112.
[131] Finckenstein und Hertzberg (Berlin, 13. Dezember 1784; Kanzleikonzept vom 8., das korrigiert und dann mit dem späteren Datum versehen, mit Vermerk, daß am 15. zur Post gegeben) an Goekingk: GStA (wie Anm. 88). Dieses Ministerialreskript – vgl. Anm. 106 – wurde abgedruckt in dem am 6. April 1785 ausgegebenen fünften Heft von: Mainzer Monatsschrift von geistlichen Sachen 1 (1784/85), S. 519 ff.
[132] Goekingk (Ellrich, 23. Dezember 1784; Eingangsvermerk vom 25. Dezember 1784, Abschrift) an Regierung in Halberstadt, gerichtet an König Friedrich: GStA (wie Anm. 88).
[133] Protokoll (Halberstadt, 19. Januar 1785; Abschrift) über die Vernehmung Goekingks: GStA (wie Anm. 88).

Kurfürst Friedrich Carl Joseph werde nicht weiter auf der Namensnennung bestehen, zumal er selbst sich am 24. Dezember „an deßen *Premier Minister* den FreyHerrn *von Erthal* gewendet, und um Beylegung der Sache, gebeten habe, von welchen er noch zur zeit keine Antwort, der er aber täglich entgegen sehe, erhalten habe". Möglicherweise ging der Vorschlag, einen Brief an Minister Erthal zu schreiben, auf Dalberg zurück.

Eine Abschrift des Protokolls über die Vernehmung Goekingks sowie seines Schreibens vom 23. Dezember sandte die Regierung in Halberstadt mit einem Begleitschreiben vom 20. Januar 1785 nach Berlin[134]. Dorthin konnte Goekingk am 28. Januar die ihm nun zugegangene Antwort des Ministers Erthal senden, die ihn „von Seiten Sr. Churfürst[lichen] Gnaden zu Maynz gnädige Verzeihung des begangenen Versehens hoffen" ließ, und zugleich darum bitten, „diese meiner Gemüthsruhe so sehr nachtheilige Sache allergnädigst durch ein deren jetzigen Lage angemessenes Antwortschreiben beendigen zu lassen, da der Bericht der Halberstädtschen Regierung bereits eingegangen[135] sein wird"[136].

Am 21. Februar wandten sich die Kabinettsminister Finckenstein und Hertzberg namens des Königs an den Gesandten in Praunheim[137] und bemerkten, indem sie ihm abschriftlich das Protokoll vom 19. Januar sowie das Schreiben Goekingks vom 23. Dezember des Vorjahres zur Weiterleitung an den mainzischen Minister Erthal zuschickten, aus beiden Schriftstücken gehe hervor, daß Goekingk „seine Unvorsichtigkeit eingestehet, sie aber durch verschiedene Gründe und angeführte Umstände entschuldigen will, auch bereits einen öffentlichen Widerruf der für ChurMainzische Bedienten beleidigenden falschen Nachrichten in sein Journal eingerückt hat. Jhr habt dieses Alles dem ChurMainzischen *Ministerio* zu communiciren und dabey zu bemerken, wie Wir es der Großmuth Sr. Churfürst[lichen] Gnaden von Mainz überliessen, ob Sie nunmehro den doch mehr aus Uebereilung und Unbedachtsamkeit, als aus Mangel der Hochdemselben schuldigen Ehrfurcht begangenen Fehler verzeihen und sich bey dem geschehenen Widerrufe auch Unserer dem p.[138] *Goeckingh* zu erkennen gegebener sehr ernstlicher Mißbilligung beruhigen wollten." Es fällt beim Schluß dieses Zitates auf, daß die für auswärtige Angelegenheiten zuständigen Kabi-

---

[134] Regierung in Halberstadt (Halberstadt, 20. Januar 1785; Kanzleiausfertigung mit Unterschriften von Präsident und Räten, Eingangsvermerk vom 27. Januar 1785) an König Friedrich („Au Roi à Berlin"), mit Vermerken auf der Anschriftseite: am 23. „Zur Post gegeben" und „Zur Erbrechung des König[lichen] Würk[lichen] Geheimen *Etats*-Krieges- und *Cabinets-Ministeri*, Herrn ReichsGrafen von *Finckenstein* Excellentz.", d. h., dieser war zum Öffnen berechtigt: GStA (wie Anm. 88).

[135] Der Bericht war am Vortag in Berlin eingetroffen; vgl. Anm. 134.

[136] Goekingk (Ellrich, 28. Januar 1785; eigenhändig, Eingangsvermerk vom 2. Februar 1785) an König Friedrich: GStA (wie Anm. 88). Das Schreiben Erthals wurde vom Departement der auswärtigen Angelegenheiten über die Regierung in Halberstadt – König Friedrich bzw. Finckenstein und Hertzberg (Berlin, 21. Februar 1785; Kanzleikonzept mit Ad-mandatum-Formel und Vermerk, daß am gleichen Tag Reinschrift angefertigt) an Regierung in Halberstadt: GStA (wie Anm. 88) – Goekingk wieder zurückgeschickt.

[137] König Friedrich bzw. Finckenstein und Hertzberg (Berlin, 21. Februar 1785; Kanzleikonzept mit Ad-mandatum-Formel und Vermerk, daß am 22. Reinschrift angefertigt und am 25. zur Post) an Gottfried Adam Freiherr von Hochstetter: GStA (wie Anm. 88). In der Innenadresse des Konzepts heißt es zwar nur „An den p. v. *Hochstetter* zu Praunheim", doch dürfte der ältere Hochstetter gemeint gewesen sein; vgl. auch Anm. 88.

[138] = usw.

nettsminister nun, im Gegensatz zu der in ihrem Ministerialreskript vom 13. Dezember des Vorjahres geäußerten Meinung, möglicherweise aufgrund des Schreibens Erthals an Goekingk, dessen bereits gedruckten Widerruf als ausreichend ansahen.

Auftragsgemäß übersandte die preußische Gesandtschaft am 8. März[139] die aus Berlin erhaltenen Anlagen an den mainzischen Minister Lothar Franz Freiherr von Erthal. Dieser antwortete am 19. März[140]:

> „Nebst deme, daß ich *Euerer Hochwohlgebohrnen*[141] ins besondere für die geneigten Verwendungen den verbindlichsten Dank erstatte, womit *Denenselben* die Beschwerde des hiesigen Hofes zur gerechtesten Abhilfe einzuleiten gefällig gewesen ist, habe ich zugleich die Ehre, ein weiteres *Pro Memoria*[142] in dem nämlichen betreffe beyzuschliesen, und mit unausgesetzter vollkommensten Hochachtung zu harren
>
> *Euerer Hochwohlgebohrnen*
>
> Mainz
> den 19ten März
> 1785.
>
> ganz gehorsamer Diener
Fr[ei]h[err] *von Ehrthal*."

Die diesem Schreiben beigefügte Note vom gleichen Tag hatte folgenden Wortlaut[143]:

> „Note.
>
> Aus den durch das König[lich] Preußische Gesandschaffts-Promemoria vom 8ten dieses gefälligst mitgetheilten Anlagen hat man in mehrerem zu ersehen gehabt, auf welche Art der König[lich] Preußische Kanzleydirektor *Goeckingk* wegen einer seinem Journale von und für Deutschland eingerückten ungeziemenden Stelle auf König[liche]n höchstverehrlichen Specialbefehl nicht nur zur Verantwortung gezogen, sondern auch zur unverweilten Einrückung eines offent-[liche]n der Sache angemeßenen Wiederrufs in sein Journal angehalten worden. So, wie man nun diese Verfügung als einen neuen Beweiß der erhabensten gerechtesten Denkungsart S[r] könig[lichen] preußischen Majest[ät], und insonderheit ihrer aufgeklärten weisesten Vorsorge, daß die Rechte der Preßfreyheit nicht zum Mittel der sträflichsten Ausschweifungen wider Obrigkeiten und Obrigkeitliche Personen misbraucht werden mögen, mit der lebhaftesten Dankbegierde zu erkennen und zu verehren hat; also wird man auch der fürtref[lichen] König[lich]

---

[139] Das Datum dieses Schreibens ergibt sich aus der in Anm. 143 angeführten mainzischen Note.
[140] Lothar Franz von Erthal (Mainz, 19. März 1785; Abschrift) an die preußische Gesandtschaft in Praunheim: Anlage zu dem in Anm. 145 genannten Schreiben.
[141] Aus dieser Anrede geht hervor, daß dieses Schreiben, anders als das vom 22. Oktober 1784 (wie Anm. 88), nicht nur an den älteren, sondern an beide preußische Vertreter gerichtet war.
[142] Vgl. dazu *Meisner* (wie Anm. 106), S. 198: „In der Diplomatie ist Promemoria (Pronotitia) der ältere Ausdruck für die aus dem Französischen eindringende ‚Note'".
[143] Mainzische Note (Mainz, 19. März 1785; Abschrift): Anlage zu dem in Anm. 145 genannten Schreiben.

preusischen Gesandschafft ungemein verbunden seyn, wenn derselben gefällig seyn will, die Anzeige und Versicherung dieser Gesinnungen durch unverlängten bericht an die höchste behörde gelangen zu laßen.

S^e kuhrfürst[lich]en Gnaden denken übrigens zu großmüthig, als daß Sie auf eine weitere Ahndung gegen den Kanzleydirektor *Goeckingk*, welchen die unzurechtfertigenden Beyspiele einiger andern Journalisten, oder vielleicht ein blindes Vertrauen auf seine nicht geprüfte Korrespondenten verleitet zu haben scheinen, antragen zu laßen, gemeinet sind: Jndem aber Höchstsie sich an der demselben schon zu erkennen gegebenen ernstlichen Misbilligung des geschehenen vollkomen begnügen; so überlaßen Sie doch zugleich dem eigenen erleuchten Ermeßen, und der kundbaren Gerechtigkeit des könig[lich] preusischen hohen Ministeriums, ob von ersagtem Canzleydirektor nicht etwa noch unmittelbar, und unter der Voraussezung, daß solches den eigentlichen Urheber der in dem dießeitigen Promemoria bemerkten mehreren und unterschiedenen anstößigen Stellen seines Journals weder zum Nachtheil noch zu irgendeiner bestrafung gereichen solle, eine <u>stille</u> Anzeige der leztern in der alleinigen Absicht abzufodern¹⁴⁴ seyn möge, damit die Vermuthung und der Verdacht, wie es in solchen Fällen zu geschehen pflegt, nicht auf mehrere, vielleicht an dem Vorgange ganz und gar nicht betheiligte Personen erstrecket werden köñe. Mainz den 19ten März 1785.

Fr[ei]h[err] *von Ehrthal*."

Abschriften dieser Schriftstücke vom 19. März schickten die beiden Gesandten nach Berlin; in dem entsprechenden Begleitschreiben vom 24. März¹⁴⁵ meinten sie hinsichtlich der mainzischen Bitte um „<u>stille</u> Anzeige des Urhebers", daß „die Willfahrung dieses Ansuchens" einerseits die Dankbarkeit des mainzischen Hofes, „der seit einiger zeit eine gantz besonders höfliche Bereitwilligkeit in allen Vorfällen bezeugt", erheblich steigern würde, doch andererseits würde „der arme Verfaßer zu beklagen seyn, der durch die Entdeckung unglücklich gemacht würde", wenngleich zugesagt wurde, „ihn keiner Strafe unterwerfen zu wollen".

Die Kabinettsminister Finckenstein und Hertzberg sandten Goeckingk die Ministerialnote Erthals abschriftlich zu und teilten ihm im Auftrag des Königs¹⁴⁶ am 4. April mit¹⁴⁷, „daß er nach dem strengen Rechte" die vom mainzischen Hof gewünschte stille Anzeige des Verfassers „durchaus nicht weigern könne" und es „hierbey gar nicht auf die feinern Begriffe von Ehre", die er „verschützt, sondern auf das Recht und auf die zwischen Sr: Kön: Maj: und dem H[errn] Churfürsten von Mainz bestehende freundschafftliche Verbindung ankömmt. Das König[liche] CabinetsMinisterium wird es also gern sehen und erwartet, daß der p. *Goeckingk* den Nahmen obgedachten Verfassers anzeigen werde."

---

¹⁴⁴ Vgl. Anm. 63.
¹⁴⁵ Gottfried Adam Freiherr von Hochstetter und Johann Ludwig Freiherr von Hochstetter (Praunheim, 24. März 1785, geschrieben von letzterem) an König Friedrich: GStA (wie Anm. 88).
¹⁴⁶ Vgl. die mit „In Conf. den 1. Apr. 1785" überschriebene Aufzeichnung: GStA (wie Anm. 88).
¹⁴⁷ Finckenstein und Hertzberg (Berlin, 4. April 1785; Kanzleikonzept mit Ad-mandatum-Formel und Vermerk, daß Ausfertigung am 6. zur Post gegeben) an Goekingk: GStA (wie Anm. 88).

Aus der einschlägigen Akte geht nicht hervor, ob Goekingk schließlich doch noch seinen Gewährsmann nannte; wahrscheinlich verschwieg er ihn weiterhin, zumal die mainzische Note den Wunsch nach stiller Anzeige des Verfassers nicht besonders nachdrücklich vorgebracht hatte. Jedenfalls ist angesichts der weiteren Laufbahn Goekingks festzustellen, daß ihm die mit seinem „Journal von und für Deutschland" verbundene Auseinandersetzung letztendlich nicht zum Nachteil gereichte.

Amtlicher Verweis für den Drucker Alexander Kaufmann wegen einer Notiz in seinem ‚Aschaffenburger privilegirten Intelligenzblatt' (1786) über eine angeblich in Mainz bevorstehende Coadjutorwahl

Das seit zwölf Jahren bestehende und gewöhnlich sonnabends erscheinende ‚Aschaffenburger privilegirte Intelligenzblatt'[1], das in seiner Anfangszeit diesen Namen allerdings noch nicht gehabt hatte[2], brachte am 28. Januar 1786 unter der Überschrift „Fortsetzung der im vorigen Wochen-Stücke abgebrochenen Relation" u. a. folgende Meldung[3]:

> „Maynz war seit einiger Zeit wegen der Gesundheit seines großen **Friedrich Karls** besorgt, ist nun aber wegen der durch den berühmten Arzt, Hrn. D. Hofmann[4], zugesicherten Hoffnung der Wiedergenesung beruhigt. Nach sichern Nachrichten will sich der vortrefliche Kurfürst von dem hohen Domkapitel einen Koadjutor erbitten, der seine weisen Einrichtungen fortsetzen und mit seinem allgemein verehrten Ministerium das Land beglücken soll."

Wenngleich dieser Abschnitt wie die gesamte „Fortsetzung" nicht in Aschaffenburg verfaßt, sondern wörtlich aus dem Artikel „Umherblicke"[5] der „Erlanger Real-Zeitung" vom 30. Dezember 1785 übernommen worden war, sah sich Erzbischof und Kurfürst Friedrich Carl Joseph (1719-1802)[6], der „misfälligst" wahrgenommen hatte, „daß das dumme und elende Gerücht einer in Absicht genommenen *Coadjutorie* [...] auch selbst in den innländischen Wochenblättern, auf eine unüberlegte Art, verbreitet werde", veranlaßt, sich am 14. Februar 1786 an seine Regierung zu wenden[7]. Dabei stellte er fest, daß „die Schuld davon entweder auf der zu Aschaffenburg

---

[1] In diesem Beitrag das J der Frakturschrift im Zeitungstitel entsprechend dem zwischen I und J differenzierenden modernen Gebrauch stets als I wiedergegeben. Zur damaligen Erscheinungsweise dieses Blattes vgl. *Hans-Bernd Spies*, Wochenblatt und Tageszeitung. Aschaffenburger Pressegeschichte von den Anfängen bis zur Mitte des 19. Jahrhunderts, in: Helmut Teufel u. Klaus Eymann (Hrsg.), Von Tag zu Tag. Zeitungsgeschichte und Zeitgeschehen am bayerischen Untermain. Zum 50. Jahrstag der Lizenzierung des „Main-Echos" am 24. November 1945, Aschaffenburg 1995, S. 8-66, dies S. 11 f. u. 51. Zur Gründung des Blattes s. u. Anm. 13.

[2] Da Exemplare aus der Frühzeit des Blattes nicht überliefert sind, ist sein ursprünglicher Name nicht bekannt, aber aufgrund verschiedener anderer Quellen kann vermutet werden, daß es ‚Aschaffenburger Wochenblatt' hieß; vgl. ebd., S. 9 u. 13.

[3] Aschaffenburger privilegirtes Intelligenzblatt 1786, Nr. 4 (28. Januar), S. [3-4], Zitat S. [3]. Alle in diesem Beitrag zitierten Zeitungsausgaben befinden sich in der in Anm. 7 genannten Akte.

[4] Christoph Ludwig Hofmann (1721-1807), in Rheda geboren, der in Rinteln, Jena und Harderwijk Medizin studiert hatte und 1746 in Jena zum Dr. med. promoviert worden war, stand damals im Dienst des Hochstiftes Münster und trat 1787 in den Dienst des Erzstiftes Mainz, dessen Gesundheitswesen er ebenso verbesserte wie zuvor dasjenige im Hochstift Münster und in der Landgrafschaft Hessen-Kassel; zu diesem vgl. *Martin Stürzbecher*, Christoph Ludwig Hoffmann (Hofmann), Arzt, in: Neue deutsche Biographie, Bd. 9, Berlin 1972, S. 391-392.

[5] Erlanger Real-Zeitung 1785, Nr. 101 (30. Dezember), S. 861-868, der in der „Fortsetzung" zitierte Teil S. 866 f. – Druckfehler in der Seitenzählung: statt 867 versehentlich 567 –, obige Meldung S. 866. Die Aschaffenburger Fassung hat gegenüber der Erlanger Vorlage lediglich zwei Rechtschreibvarianten, nämlich „großen" statt „grossen" und „Kurfürst" statt „Kuhrfürst".

[6] Zu diesem, 1774-1802 Erzbischof von Mainz und Kurfürst des Reiches, vgl. oben, S. 7-16, den ihm gewidmeten biographischen Artikel.

[7] Erzbischof und Kurfürst Friedrich Carl Joseph (Mainz, 14. Februar 1786) an Landesregierung: Staatsarchiv Würzburg, Mainzer Polizeiakten, 1810; aus diesem Schriftstück stammen die vorhergehenden und die folgenden Zitate des Lan-

Schreiben des Erzbischofs und Kurfürsten Friedrich Carl Joseph vom 14. Februar 1786 an seine Regierung (vgl. Anm. 7).

Der Arzt Christoph Ludwig Hof(f)mann (1721-1807) – vgl. Anm. 7 –, nach einem 1788 angefertigten Gemälde des um 1770-1795 in Frankfurt am Main tätigen Porträtmalers Joh. de Giorgi von Egid Verhelst d. J. (1733-1818) angefertigter Kupferstich; Vorlage: Stadt- und Stiftsarchiv Aschaffenburg, Graphische Sammlung. Zu diesen Künstlern vgl. Allgemeines Lexikon der bildenden Künstler von der Antike bis zur Gegenwart, begr. v. Ulrich Thieme u. Felix Becker, Bd. 14, hrsg. v. Ulrich Thieme u. Fred[erick] C. Willis, Leipzig 1921, S. 81 f., sowie *Norbert Lieb*, Egid Verhelst (Verelst) d. J., ebd., Bd. 34, hrsg. v. Hans Vollmer, Bd. 34, Leipzig 1940, S. 250.

angeordneten Censur, oder auf dem Verleger des Wochenblattes, oder aber auf beyden zugleich" haftet, und verlangte, „daß die Sache durch das Vizedomamt Aschaffenburg schleunigst untersucht, und alsdann der Fehlbefundene mit angemessener Geldstrafe belegt, inzwischen aber der Censur sowohl, als dem Verleger des Wochenblattes zu Aschaffenburg nachdrücklichst eingebunden werden solle, statt dergleichen politischen Kannengiesereyen[8], in Zukunft mit landwirtschaftlichen Gegenständen sein Blatt auszufüllen".

Gleich anderentags wandte sich die Regierung[9] an das Vizedomamt Aschaffenburg[10] und verlangte im Sinne des Landesherrn Aufklärung des Sachverhaltes[11]. Das Vizedomamt lud daraufhin den Verleger des ‚Aschaffenburger privilegirten Intelligenzblattes', den aus Heiligenstadt im Eichsfeld stammenden und 1746 in Aschaffenburg Bürger gewordenen Buchdrucker Alexander Kaufmann (1714/15-1793)[12], der das Wochenblatt 1774 gegründet hatte[13], für den 24. Februar vor. Über dessen Befragung,

desherrn. Hier und bei weiteren Zitaten aus ungedruckten Quellen diplomatische Wiedergabe der Vorlage.

[8] Vgl. *Jacob Grimm* u. *Wilhelm Grimm*, Deutsches Wörterbuch Bd. 5, bearb. v. Rudolf Hildebrand, Leipzig 1873, Sp. 166 f., dies 167: politischer Kannengießer = „ein bierbankpolitiker, ein beschränkter leidenschaftlicher zeitungsleser". Das Wort ‚Kannengießer' „erhielt sein adjectiv, verbum und subst. verbale; man übertrug es auch auf leeres oder gemütliches geschwätz in andern dingen"; vgl. auch *Lutz Röhrich*, Das große Lexikon der sprichwörtlichen Redensarten, Bd. 2, Freiburg / Basel / Wien 1992, S. 800. Der Begriff ‚politischer Kannengießer' geht auf die am 26. September 1722 in Kopenhagen (dän.: København) uraufgeführte dänische Komödie „Den politiske Kandstøber" (Der politische Kannengießer) von Ludvig Holberg zurück, deren deutsche Übersetzung 1741 veröffentlicht wurde, worauf 1742 die erste Aufführung dieser Komödie in Deutschland erfolgte; vgl. *Urs Jenny*, Den politiske Kandstøber, in: Walter Jens (Hrsg.), Kindlers neues Literatur-Lexikon, Bd. 7, München 1990, S. 1048-1050. Zu dem in Bergen (Norwegen) geborenen dänischen Dichter und Historiker Ludvig Holberg (1684-1754), der nach Studium, Sprachlehrertätigkeit und mehreren ausgedehnten Reisen 1717 Professor in Kopenhagen wurde, und zwar zunächst für Metaphysik, 1720 für Rhetorik und 1730 für Geschichte, vgl. *Gero von Wilpert* (Hrsg.), Lexikon der Weltliteratur, Bd. 1: Biographisch-bibliographisches Handwörterbuch nach Autoren und anonymen Werken, Stuttgart ³1988, S. 677 f.

[9] Es handelte sich dabei um das für die allgemeinen Angelegenheiten der Landesverwaltung zuständige Hofrats- und Landesregierungskollegium; vgl. *Hans Goldschmidt*, Zentralbehörden und Beamtentum im Kurfürstentum Mainz vom 16. bis zum 18. Jahrhundert (Abhandlungen zur Mittleren und Neueren Geschichte, Heft 7), Berlin / Leipzig 1908, S. 89-93 u. 98-103, sowie *Günter Christ*, Erzstift und Territorium Mainz, in: Friedhelm Jürgensmeier (Hrsg.), Handbuch der Mainzer Kirchengeschichte, Bd. 2: Erzstift und Erzbistum Mainz. Territoriale und kirchliche Strukturen (Beiträge zur Mainzer Kirchengeschichte, Bd. 6,2), Würzburg 1997, S. 15-444 u. 593-612, dies S. 33 u. 38. Zur damaligen Zusammensetzung des Kollegiums und zu seinen weiteren Mitarbeitern vgl. Kurmainzischer Hof- und Staats-Kalender, Auf das Jahr 1786. Mit einem Verzeichniße des Erzhohen Domkapitels, auch aller zum k. Hof- und Kurstaat gehörigen Stellen, und Aemter, Mainz o. J. [1785], S. 113-121.

[10] Es hatte sich aus dem Amt des erstmals 1122 für Aschaffenburg belegten Vizedoms entwickelt und war eine Mittelbehörde zwischen Landesregierung und unterer Verwaltungsebene; zu seiner Geschichte vgl. *Günter Christ*, Aschaffenburg. Grundzüge der Verwaltung des Mainzer Oberstifts und des Dalbergstaates (Historischer Atlas von Bayern, Teil Franken, Reihe I, Heft 12), München 1963, S. 62-66, sowie *ders.*, Erzstift (wie Anm. 9), S. 46-50. Zur damaligen Zusammensetzung des Vizedomamtes und zu seinen weiteren Mitarbeitern vgl. Hof- und Staats-Kalender (wie Anm. 9), S. 183-186.

[11] Landesregierung (Mainz, 15. Februar 1786; Konzept) an Vizedomamt Aschaffenburg: Staatsarchiv Würzburg (wie Anm. 7).

[12] Zu diesem vgl. *Spies*, Wochenblatt (wie Anm. 1), S. 9-12 u. 50 f.; ergänzend dazu ist festzuhalten, daß sich das Todesjahr Kaufmanns aus dem Tauf-, Sterb- und Trauungsregister 1738-1800 der Agathakirche Aschaffenburg, S. 225, ergibt: Danach wurde er, der im Alter von 77 Jahren starb, am 13. Januar 1793 begraben. Wäre diese Altersangabe sowie die von Kaufmann selbst bei seiner Befragung am 24. Februar 1786 gemachte – 71 Jahre – richtig und würden sich beide auf vollendete Lebensjahre beziehen, dann könnte man annehmen, daß er in der Zeit nach dem 13. Januar und bis zum 24. Februar 1715 geboren wurde.

[13] Das Gründungsjahr läßt sich nur aus der Ende Oktober oder Anfang November 1778 gemachten Angabe Kaufmanns, daß er das Blatt bereits im fünften Jahr drucke, erschließen: Wenn 1778 der fünfte Jahrgang erschien, dann muß der erste Jahrgang 1774 herausgekommen sein; vgl. *Spies*, Wochenblatt (wie Anm. 1), S. 9, 11 u. 50.

die Vizedomamtsbeisitzer Johann Peter Andreas Vorhaus[14], Amtskeller der Kellerei Rothenbuch[15], durchführte, wurde ein Protokoll angefertigt[16].

Auf die zunächst gestellten allgemeinen Fragen zur Person gab Alexander Kaufmann an, daß er 71 Jahre alt und in Heiligenstadt im Eichsfeld geboren sei, 42 Jahre in Aschaffenburg wohne, „mit der Buchdruckerei sich ernährend". Die Frage, ob ihm bei Erteilung seines Privilegs befohlen worden, ohne besondere Erlaubnis keine einheimischen Staatssachen in sein Blatt zu bringen, bejahte er. Dann wurde Kaufmann gefragt, ob er „nicht an die gewöhnliche *Censur* von StadtAmts wegen angewießen seye"; über seine darauf folgende Erwiderung steht im Protokoll: „ja: allein er habe nicht immer die zur *Censur* angeordnete StadtAmt[liche] *Personalia* anwesend, gröstentheils auch wegen andern Geschäfften verhindert angetroffen". Auf weiteres Befragen gab er an, niemand habe ihn „ausdrücklich geheißen", die fragliche Meldung zu bringen, sondern sein Setzer habe sie während seiner Abwesenheit in das Blatt eingerückt; nach seiner Rückkehr habe er nichts mehr ändern können, da die entsprechende Ausgabe „schon versendet" gewesen. Auf die Frage, ob er das Blatt vorher der Zensur vorgelegt habe, entgegnete er, wegen seiner Abwesenheit von Aschaffenburg habe er es „nicht zur vorgeschriebenen *Censur* geben können". Damit gab sich Vorhaus noch nicht zufrieden und hakte nach: „Warum nicht, da doch – obschon ihme gestattet geweßen, diese[17] und andere Zeitungen zu benutzen, er doch wißen müßen, daß die *Censur* des Sazes nach allen Buchdrucker Regln vorher müße vorgelegt werden?" Kaufmann verwies auf seine vorherigen Antworten und ergänzte, daß, wenn er „selbst einheimisch geweßen", der besagte Artikel nicht aufgenommen und die Zeitungsausgabe zur Zensur gegeben worden wäre. Schließlich wollte Vorhaus noch wissen, ob Kaufmann „nicht schon eben derg[leiche]n Fällen wegen bereits verwarnt, oder bestrafft worden?", was dieser entschieden verneinte.

Daraufhin legte Kaufmann das Intelligenzblatt vom 25. Februar, also vom folgenden Tag, vor, „aus welchem ersichtlich, daß er allschon in gefolge erhaltener Weißung sich beflißen habe", den freien Raum „mit Landwirthschafftlichen Gegenständen auszufüllen"[18]. Gleichzeitig versicherte er, künftig keine politischen Meldungen mehr zu bringen, sondern statt dessen Artikel „zur Verbesserung der Landwirthschafft" aufzunehmen. Daraufhin wurde im Protokoll vermerkt: „zu dessen genauester Befolgung wurde solchemnach derselbe ernstgemessenst angewießen". Es endete mit dem Beschluß, das Stadtamt Aschaffenburg[19] anzuweisen, in seiner wöchentlich „zu hal-

---

[14] Vgl. Hof- und Staats-Kalender (wie Anm. 9), S. 183 u. 185.
[15] Zur Kellerei Rothenbuch, zu der damals die Ämter Heimbuchenthal und Rothenbuch gehörten, vgl. *Christ*, Aschaffenburg (wie Anm. 10), S. 68 u. 92 ff. Seit 1747 gehörte der Amtskeller von Rothenbuch zum Vizedomamtskollegium; vgl. ebd., S. 66 u. 94.
[16] Protokoll über die Befragung Kaufmanns (Aschaffenburg, 24. Februar 1786), angefertigt von Vizedomamtspraktikant Mößell: Staatsarchiv Würzburg (wie Anm. 7).
[17] Erlanger Real-Zeitung; vgl. Anm. 5.
[18] In diesem Fall handelte es sich um den ersten Teil des Artikels „Von dem vortheilhaften Anbau der Futterkräuter": Aschaffenburger privilegirtes Intelligenzblatt 1786, Nr. 8 (25. Februar), S. [2-3].
[19] Zum Stadtamt Aschaffenburg, der unteren Verwaltungsebene des Erzstiftes Mainz, vgl. *Christ*, Aschaffenburg (wie Anm. 10), S. 95, 99 u. 160. Zur damaligen Zusammensetzung des Stadtamtes und zu seinen weiteren Mitarbeitern vgl. Hof- und Staats-Kalender (wie Anm. 9), S. 186 f.

selbst vermuthen werden, und faßte den Entschluß, in Zukunft alles Holz gegen eine billige Schätzung durch das Wiener Oberforstamt ablösen zu lassen, und um angemessene Preise zu verkaufen.

Die preussische Monarchie, die geräuschlos, wie der Gang des Weisen, zu ihrer höchsten Stuffe der Vollkommenheit fortschreitet, freut sich noch, und mit ihr Europa, über das Leben und die noch kraftvolle Thätigkeit ihres grossen Beherrschers, der auch unter den Wolken, die sich um deutschen Staatshimmel zusammen zu ziehen drohten, die Geschäfte des Friedens, die den Flor seiner Staaten fördern, mit jugendlicher Thätigkeit und der Weisheit des philosophischen Greises betrieb. An seiner Seite stehen Männer, die in jedes Geschäft des politischen und militärischen Faches eine Thätigkeit bringen, auf die das Publikum mit Bewunderung hinblickt, und in seinen Fußstapfen wandelt sein erhabner Thronfolger, in dem einst Friedrich fortleben wird.

Unter der milden und weisen Regierung der meisten Fürsten unsers deutschen Vaterlandes arbeiten sich seine verschiedenen Staaten zu einem Wohlstand empor, der für den Menschenfreund reichen Stof zur Unterhaltung gewähren wird. Sachsen erhebt sich durch seinen wachsenden Flor und durch seine Kriegsmacht zu einer ansehnlichen Höhe; Bayern wird die Aufmerksamkeit noch mehr auf sich ziehen, wenn sich die Illuminatengeschichte noch näher entwickelt, die nicht Verfolgung, sondern Polizeianstalt seyn soll. Und welche Aussichten eröffnen uns die Bemühungen deutscher Erzbischöffe und Bischöffe, wodurch sie die alte Einfalt der Religion wieder herzustellen, und ihre eignen Rechte gegen die Eingriffe des römischen Hofs zu vertheidigen suchen! Kölns Maximilian wird nächstens wegen seines geistlichen Tribunals ein Dekret bekannt machen, und der päbstliche Nuntius daselbst wird dann blos als Minister einer auswärtigen Macht angesehen werden. Maynz war seit einiger Zeit wegen der Gesundheit seines grossen Friedrich Karls besorgt, ist nun aber wegen der durch den berühmten Arzt, Hrn. D. Hofmann, zugesicherten Hoffnung der Wiedergenesung beruhigt. Nach sichern Nachrichten will sich der vortrefliche Kuhrfürst von dem hohen Domkapitel einen Koadjutor erbitten, der seine weisen Einrichtungen fortsetzen und mit seinem allgemein verehrten Ministerium das Land beglücken soll.

pro Cent auszulehnen, wer solche zu lehnen willens ist, hat sich bey dem Schultheisen zu Dörrmorsbach zu melden.

85 fl. Kapellen-Gelder sind zu Heubach vor dem Spessart gegen dreyfache gerichtliche Versicherung und zu 5 pro Cent auszulehnen, wer solche zu lehnen willens, hat sich bey dasigem Kapellen-Baumeister Adam Wenzell zu melden.

Fortsetzung der im vorigen Wochen-Stücke abgebrochenen Relation.

Die preußische Monarchie, die geräuschlos, wie der Gang des Weisen, zu ihrer höchsten Stuffe der Vollkommenheit fortschreitet, freut sich noch, und mit ihr Europa, über das Leben und die noch kraftvolle Thätigkeit ihres großen Beherrschers, der auch unter den Wolken, die sich am deutschen Staatshimmel zusammen zu ziehen drohten, die Geschäfte des Friedens, die den Flor seiner Staaten fördern, mit jugendlicher Thätigkeit und der Weisheit des philosophischen Greises betrieb. An seiner Seite stehen Männer, die in jedes Geschäft des politischen und militärischen Faches eine Thätigkeit bringen, auf die das Publikum mit Bewunderung hinblickt, und in seinen Fußstapfen wandelt sein erhabner Thronfolger, in dem einst Friedrich fortleben wird.

Unter der milden und weisen Regierung der meisten Fürsten unsers deutschen Vaterlandes arbeiten sich seine verschiedenen Staaten zu einem Wohlstand empor, der für den Menschenfreund reichen Stof zu Unterhaltung gewähren wird. Sachsen erhebt sich durch seinen wachsenden Flor und durch seine Kriegsmacht zu einer ansehnlichen Höhe; Bayern wird die Aufmerksamkeit noch mehr auf sich ziehen, wenn sich die Illuminatengeschichte noch näher entwickelt, die nicht Verfolgung, sondern Polizeianstalt seyn soll. Und welche Aussichten eröffnen uns die Bemühungen deutscher Erzbischöffe und Bischöffe, wodurch sie die alte Einfalt der Religion wieder herzustellen, und ihre eignen Rechte gegen die Eingriffe des römischen Hofs zu vertheidigen suchen! Kölns Maximilian wird nächstens wegen seines geistlichen Tribunals ein Dekret bekannt machen, und der päbstliche Nuntius daselbst wird dann blos als Minister einer auswärtigen Macht angesehen werden. Maynz war seit einiger Zeit wegen der Gesundheit seines großen Friedrich Karls besorgt, ist nun aber wegen der durch den berühmten Arzt, Hrn. D. Hofmann, zugesicherten Hoffnung der Wiedergenesung beruhigt. Nach sichern Nachrichten will sich der vortrefliche Kurfürst von dem hohen Domkapitel einen Koadjutor erbitten, der seine weisen Einrichtungen fortsetzen und mit seinem allgemein verehrten Ministerium das Land beglücken soll.

Aber

Die „Erlanger Real-Zeitung" vom 30. Dezember 1785 (vgl. Anm. 5) diente dem ‚Aschaffenburger privilegirten Intelligenzblatt' vom 28. Januar 1786 (vgl. Anm. 3) als wörtliche Vorlage nicht nur für die Meldung über Erzbischof und Kurfürst Friedrich Carl Joseph.

tenden freitägigen[20] *Session* das den Samstag anerst ausgetheilt werdende Wochenblatt zur genauesten *Censur* sich vorlegen zu laßen, und dafür zu sorgen, daß der leere Raum des Blattes mit Landwirthschafft[lichen], und *oeconomi*schen gegenständen ausgefüllet werde".

Das Vizedomamt Aschaffenburg sandte dieses Protokoll am 13. März mit einem Begleitschreiben an die Landesregierung in Mainz[21] und hob darin zunächst hervor, daß die beanstandete Stelle im Intelligenzblatt während der Abwesenheit Kaufmanns „aus Unvorsicht seines Sezers eingeflißen" sei. Anschließend schrieb das Vizedomamt, den Buchdrucker charakterisierend: Kaufmann „ist auch der Mann nicht, der geflißentlich was sträflich- oder gefärliches in Druck unternimt, sondern wir müßen vielmehr bezeigen, daß er sonsten in seiner Druckerei sehr schüchtern, und behutsam, auch noch nicht sträflich befunden worden seye, anbei sich dahier als ein frommer, und rechtschaffener Bürger verhalte, so daß Wir nach seiner *ad protocollum* gegebenen Versicherung wahrscheinlich glauben können, er würde die besagte Stelle von Mainz aus der Erlanger Zeitung [...] entweder ganz übergangen, oder wenigstens vorher der *Censur* des StadtAmts vorgelegt, und angefragt haben, wenn er selbsten einheimisch geweßen wäre". Nach Ansicht des Vizedomamtes dürfte ein erneuter Verweis zu Kaufmanns „beßern Aufmercksamkeit" ausreichend sein. Dem Stadtamt, das an dieser Angelegenheit ohne Schuld, wurde aufgetragen, die Zensur wöchentlich in seiner „freitägigen Sitzung vorzunehmen". Zum Schluß stellte das Vizedomamt fest, daß das Intelligenzblatt, „wie die weitern Anlagen zeigen, mit Landwirthschafftlichen gegenständen verbeßert worden", und übersandte außer der Ausgabe vom 25. Februar auch die vom 11. März, welche folgende Beiträge aus dem landwirtschaftlichen Bereich veröffentlicht hatte: „Verfeinerung des Hanfes, und Flachses"[22], „Mittel zur Vertilgung der Gartenraupen" und „Gegen die Ackermaulwürfe"[23].

In der Sitzung der Landesregierung am 31. März trug Hof- und Regierungsrat Johann Niklas Schwabenhausen[24], der zugleich Geheimer Sekretär, Archivar und Zensor war, den Sachverhalt vor[25], schloß sich der Stellungnahme des Vizedomamtes an und sprach sich mit der Bemerkung, daß „Aschaffenburg der Ort nicht ist, wo Buchdruckerei eine hinreichende Nahrungsquelle abgeben, oder einen bedeutenden Gewinnst verschaffen kann", gegen eine Geldstrafe aus. Abschließend wies er darauf hin, daß der Wunsch des Erzbischofs und Kurfürsten hinsichtlich des Inhalts des Intelligenzblattes bereits erfüllt sei. Das Regierungskollegium stimmte dem Vorschlag Schwabenhausens zu.

---

[20] Vorlage: „freitätigen".
[21] Vizedomamt Aschaffenburg – v. Faber, Ovelog, Kleiner, Vorhaus – (Aschaffenburg, 13. März 1786) an Landesregierung: Staatsarchiv Würzburg (wie Anm. 7).
[22] Aschaffenburger privilegirtes Intelligenzblatt 1786, Nr. 10 (11. März), S. [2-3].
[23] Beide Beiträge ebd., S. [3].
[24] Vgl. Hof- und Staats-Kalender (wie Anm. 9), S. 88 f. u. 116, sowie *Freund* (wie Anm. 35), S. 62.
[25] Undatiertes Votum Schwabenhausens mit Vermerk, daß das Regierungskollegium diesem zustimmte, Datum der Sitzung ergibt sich aus einem Randvermerk, der die Entscheidung des Landesherrn zur Regierungssitzung vom 31. März 1786 ankündigt: Staatsarchiv Würzburg (wie Anm. 7).

Auch Erzbischof und Kurfürst Friedrich Carl Joseph hatte nichts dagegen einzuwenden, daß Kaufmann lediglich ein Verweis erteilt werden sollte, allerdings wollte er diesen noch mit einer ernsten Warnung verbunden haben[26]. Dementsprechend teilte die Regierung dem Vizedomamt Aschaffenburg am 6. April mit[27], daß dort Kaufmann „ein Verweis mit dem Anhange zu ertheilen sey, daß, wenn Er, Kaufmann, in Zukunft wieder etwas ohne Zensur drucke, es möge nun von ihm, oder, in seiner Abwesenheit, von den Setzern geschehen, Er dafür lediglich angesehen, und mit empfindlicher Geld- oder Leibsstrafe unnachsichtlich belegt werden würde". Mit der Erteilung dieses Verweises, der auf ausdrücklichen Befehl des Landesherrn beim Vizedomamt erfolgen sollte, dürfte die Angelegenheit Mitte April endgültig erledigt gewesen sein.

Die im ‚Aschaffenburger privilegirten Intelligenzblatt' vom 28. Januar 1786 gedruckte und aus einer in Erlangen erschienenen Zeitung übernommene Meldung über eine angeblich in Mainz bevorstehende Coadjutorwahl war an sich harmlos, aber sie hatte Erzbischof und Kurfürst Friedrich Carl Joseph sehr erzürnt. Der Grund war, daß er sich damals noch gegen die Wahl eines Coadjutors[28], also eines Stellvertreters, der ihm nach seinem Tod nachfolgen sollte, sträubte, weil er sie zu jener Zeit für überflüssig hielt[29] – allerdings wurde im Hintergrund bereits seit einigen Monaten vor allem von preußischer und österreichischer Seite in diese Richtung gearbeitet[30]. Erst am 9. März 1787 stimmte der Erzbischof offiziell der Wahl eines Coadjutors zu[31]; am 1. April wurde der damalige mainzische Statthalter in Erfurt, Carl Freiherr von Dalberg (1744-1817)[32], einstimmig vom Domkapitel gewählt[33], und nach Eintreffen der päpst-

---

[26] Undatierter Marginalvermerk von Kanzleihand mit Entscheidung des Landesherrn auf dem in Anm. 25 genannten Schriftstück.
[27] Landesregierung (Mainz, 6. April 1786; Konzept mit undatiertem Absendevermerk) an Vizedomamt Aschaffenburg: Staatsarchiv Würzburg (wie Anm. 7).
[28] Vgl. *H[ans]-J[ürgen] Becker*, Koadjutor, in: Handwörterbuch zur deutschen Rechtsgeschichte, hrsg. v. Adalbert Erler u. Ekkehard Kaufmann, Bd. 2, Berlin 1978, Sp. 905-906, sowie *Karl Heinz Selge*, Koadjutor, in: Lexikon für Theologie und Kirche, hrsg. v. Walter Kasper, Bd. 6, Freiburg / Basel / Rom / Wien ³1997, Sp. 163. Vgl. auch die zeitgenössische Definition bei *Johann Heinrich Zedler*, Grosses vollständiges Universal-Lexikon, Bd. 6, Graz 1961 (Reprint der Ausgabe Halle / Leipzig 1733), Sp. 518: „*Coadjutor*, einer, der dem Bischoff noch bey seinem Leben *adjungi*ret ward, daß er, wann jener Alters oder Schwachheit wegen nicht mehr fortkommen konte, dessen Stelle vertreten solte; er *succedi*rte ihm auch mehrentheils."
[29] Vgl. *Aretin*, Höhepunkt (wie Anm. 30), S. 41.
[30] Zu den Vorgängen im Zusammenhang mit der Coadjutorwahl von 1787 vgl. *Beaulieu-Marconnay* (wie Anm. 32), Bd. 1, S. 63-114, *Karl Otmar Frhr. von Aretin*, Höhepunkt und Krise des deutschen Fürstenbundes. Die Wahl Dalbergs zum Coadjutor von Mainz (1787), in: Historische Zeitschrift 196 (1963), S. 36-73, *ders.*, Karl Theodor von Dalberg zwischen Kaiser und Fürstenbund. Aktenstücke zur Coadjutorwahl in Mainz (1787), in: Archiv für mittelrheinische Kirchengeschichte, S. 328-377, sowie *ders.*, Heiliges Römisches Reich 1776-1806. Reichsverfassung und Staatssouveränität (Veröffentlichungen des Instituts für europäische Geschichte, Bd. 38), Teil I: Darstellung, Wiesbaden 1967, S. 198-203.
[31] Vgl. *Aretin*, Höhepunkt (wie Anm. 30), S. 52, sowie *ders.*, Reich (wie Anm. 30), S. 201.
[32] Zu diesem vgl. außer den Biographien von *Karl Freiherr von Beaulieu-Marconnay*, Karl von Dalberg und seine Zeit. Zur Biographie und Charakteristik des Fürsten Primas, Bd. 1-2, Weimar 1879, und *Konrad Maria Färber*, Kaiser und Erzkanzler. Carl von Dalberg und Napoleon am Ende des Alten Reiches. Die Biographie des letzten geistlichen Fürsten in Deutschland (Studien und Quellen zur Geschichte Regensburgs, Bd. 5), Regensburg 1988, die Sammelbände von *Konrad M[aria] Färber, Albrecht Klose* u. *Hermann Reidel* (Hrsg.), Carl von Dalberg – Erzbischof und Staatsmann (1744-1817), Regensburg 1994, *Hans-Bernd Spies* (Hrsg.), Carl von Dalberg 1744-1817. Beiträge zu seiner Biographie (Veröffentlichungen des Geschichts- und Kunstvereins Aschaffenburg, Bd. 40), Aschaffenburg 1994, sowie

lichen Zustimmung erfolgte am 5. Juni mit gleichem Ergebnis die – nichts mehr entscheidende, sondern nur noch formale – feierliche Coadjutorwahl[34].

Die Schriftstücke, die im Zusammenhang mit der wegen der Zeitungsmeldung eingeleiteten Untersuchung entstanden, gewähren einige Einblicke in die Stadtgeschichte. Zunächst ergibt sich daraus, daß das Stadtamt Aschaffenburg auch für die Zensur, zumindest für die der Presse, zuständig war[35], aber, wie aus der Aussage des Buchdruckers Alexander Kaufmann vor dem Vizedomamt hervorgeht, diese Aufgabe ziemlich unregelmäßig wahrnahm. Das Stadtamt, das damals in jeder Woche zumindest freitags eine Sitzung abhielt, wurde vom Vizedomamt aufgefordert, sich in dieser jedesmal das ‚Aschaffenburger privilegirte Intelligenzblatt' zur Zensur vorlegen zu lassen. Aus der Tatsache, daß Kaufmann dem Vizedomamt am 24. Februar bereits die Zeitungsausgabe vom folgenden Tag überreichte, läßt sich erkennen, daß er das Blatt bereits freitags – wahrscheinlich nachdem das Stadtamt zuvor einen Korrekturabzug zur Zensur erhalten und genehmigt hatte – druckte und sonnabends herausgab. Schließlich geht aus den Unterlagen hervor, daß Aschaffenburg damals nicht gerade eine Stadt war, in der man als Buchdrucker wohlhabend werden konnte[36], und daß Alexander Kaufmann seitens des Vizedomamtes als rechtschaffener Bürger angesehen wurde. Ohne den in seiner Abwesenheit von seinem Setzer gemachten Verstoß gegen die Zensur hätte sich das Vizedomamt Aschaffenburg vermutlich nie veranlaßt gesehen, sich über die Persönlichkeit Kaufmanns zu äußern.

Karl Hausberger (Hrsg.), Carl von Dalberg. Der letzte geistliche Reichsfürst (Schriftenreihe der Universität Regensburg, Bd. 22), Regensburg 1995.

[33] Vgl. *Beaulieu-Marconnay* (wie Anm. 32), Bd. 1, S. 96, *Aretin*, Höhepunkt (wie Anm. 30), S. 53, sowie *ders.*, Reich (wie Anm. 30), S. 201 u. 203.

[34] Vgl. *Beaulieu-Marconnay* (wie Anm. 32), Bd. 1, S. 104 u. 107, *Aretin*, Höhepunkt (wie Anm. 30), S. 59 u. 61, sowie *ders.*, Reich (wie Anm. 30), S. 203 (hier aber unrichtiges Datum angegeben: „am 11. Juni, einen Tag nach seiner offiziellen Wahl").

[35] Zur weltlichen Zensur im Erzstift Mainz vgl. *Hilger Freund*, Die Bücher- und Pressezensur im Kurfürstentum Mainz von 1486-1797 (Studien und Quellen zur Geschichte des deutschen Verfassungsrechts, Reihe A: Studien, Bd. 6), Karlsruhe 1971, S. 58-81, wo aber keine derartige Aufgabe einer städtischen Institution erwähnt.

[36] Über den geringen Ertrag seines Blattes hatte Kaufmann sich bereits 1777 und 1778 beklagt; vgl. *Spies*, Wochenblatt (wie Anm. 1), S. 9 f. u. 50 f.

Landesherr und Weißbrotpreis (1795)

Das letzte Jahrzehnt des 18. Jahrhunderts war eine Zeit erheblich gestiegener Getreidepreise, und zwar sowohl im Vergleich zum Jahrzehnt davor als auch längerfristig gesehen: So lag der durchschnittliche Roggenpreis des Jahrzehnts 1791-1800 in Deutschland je nach Region um rund 25 (Mitteldeutschland) bis 100% (Nordwestdeutschland) über dem des Jahrzehnts 1751-1760[1], und innerhalb der 1790er Jahre war das Jahr 1795 fast überall das teuerste. Aus diesem Grund war mehr noch als in den Jahren zuvor der regulierende Eingriff der Obrigkeit bei der Gestaltung der Preise für Grundnahrungsmittel wie Brot erforderlich, was in der Art geschah, daß entweder der Preis für einen Brotlaib bestimmten Gewichts oder das Gewicht, das ein Brot zu einem bestimmten Geldbetrag haben mußte, festgelegt und als Brottaxe durch Aushang oder durch die Presse veröffentlicht wurde; für solche Brottaxen wurde zwar auch die Entwicklung der Getreidepreise berücksichtigt, doch ließ man diese nicht voll auf die Brotpreise durchschlagen[2]. Die Einhaltung der Brottaxen und anderer Preisvorschriften auf dem Gebiet der Grundnahrungsmittel wurde genau überwacht, und vorkommende Verstöße wurden bestraft[3].

Als im Juni 1795 die Aschaffenburger Brottaxe neu bestimmt werden sollte[4], schlug Hof- und Regierungsrat Georg Adam Merget[5] in der Sitzung des damals nur vorläu-

---

[1] Vgl. u. a. *Wilhelm Abel*, Landwirtschaft 1648-1800, in: Hermann Aubin u. Wolfgang Zorn (Hrsg.), Handbuch der deutschen Wirtschafts- und Sozialgeschichte, Bd. 1, Stuttgart 1971, S. 495-530, dies S. 524, *Hans-Bernd Spies*, Wirtschaft und Verwaltung der Grafschaft Wittgenstein-Wittgenstein (1796-1806), Bonn 1975, S. 91 ff. u. 168, sowie – auch hinsichtlich der Preisspitze im Jahre 1795 – *Hans-Jürgen Gerhard* u. *Karl Heinrich Kaufhold* (Hrsg.), Preise im vor- und frühindustriellen Deutschland. Grundnahrungsmittel (Göttinger Beiträge zur Wirtschafts- und Sozialgeschichte, Bd. 15), Göttingen 1990, S. 135-196, bes. S. 138 f. (Braunschweig), 142 f. (Bremen), 148 (Celle), 154 (Duderstadt), 156 (Emden), 159 (dgl.), 162 f. (Göttingen), 170 (Hamburg), 178 (Lüneburg), 185 (Münster), 188 f. (Osnabrück), 192 f. (Paderborn) u. 195 (Waake). Ähnlich verhielt es sich mit dem Weizenpreis; vgl. ebd., S. 197-247, bes. S. 200 f. (Braunschweig), 203 f. (Bremen), 207 (Celle), 212 f. (Duderstadt), 215 (Emden), 218 (dgl.), 220 f. (Göttingen), 223 (Hamburg), 230 (Lüneburg), 237 (Münster), 240 (Osnabrück), 243 (Paderborn) u. 246 (Waake).

[2] Zu derartigen Preistaxen vgl. *Hans-Jürgen Gerhard* u. *Karl Heinrich Kaufhold* (Hrsg.), Preise im vor- und frühindustriellen Deutschland. Nahrungsmittel – Getränke – Gewürze – Rohstoffe und Gewerbeprodukte (Göttinger Beiträge zur Wirtschafts- und Sozialgeschichte, Nr. 19/20), Stuttgart 2001, S. 36 ff.

[3] Vgl. ebd., S. 37 f.: „Die Einhaltung der Preisvorschriften unterlag, wie die Quellen vielfach belegen, gleichsam einer doppelten Kontrolle, auf der einen Seite durch die Verbraucher, auf der anderen durch städtische und staatliche Kontrollorgane. Verstöße wurden, auch das läßt sich ablesen, hart und unnachsichtig geahndet. Die Strafen bestanden normalerweise beim ersten Mal in einer empfindlichen Geldbuße, im Wiederholungsfall in einem zeitweiligen Verkaufsverbot, dem dann unmittelbar ein ständiges Berufsverbot folgte. Darüber hinaus wurden solche Verstöße publik gemacht, was für den Absatz der Betroffenen nicht gerade förderlich gewesen sein dürfte."

[4] Zu den Brotpreisfestsetzungen jener Zeit vgl. Staatsarchiv Würzburg, Mainzer Polizeiakten, 2255 I und II. Zum Brotmangel in Aschaffenburg und Umgebung während des vorausgegangenen Winters 1794/95 vgl. auch ebd., 2359.

[5] Er war am 3. August 1791 in Aschaffenburg von Erzbischof Friedrich Carl Joseph von Mainz zum „wirklichen Hof- und Regierungs-Rath, mit Sitz und Stimme, sowie der Hofnung der ordnungsmäßigen Nachfolge im Gehalt" ernannt worden und hatte wenige Tage später, nämlich am 11. August, in der Sitzung des Hofrats- und Regierungskollegiums in Mainz seinen Amtseid geleistet; Ernennungsdekret des Kurfürsten und Erzbischofs Friedrich Carl Joseph (Aschaffenburg, 3. August 1791; Abschrift, auf der ebenfalls abschriftlich der in Mainz am 11. August 1791 datierte Vermerk über die Vereidigung) für Georg Adam Merget: Staatsarchiv Würzburg, Mainzer Regierungsarchiv, L 170. Hier und bei allen weiteren Aktenzitaten diplomatische Wiedergabe der Vorlage, lediglich Punkte nach Kardinalzahlen wurden weggelassen. Merget war auch „Censor der gedruckten Schriften"; vgl. Kurmainzischer Hof- und Staats-Kalender auf das Jahr 1794. Mit einem Verzeichniß des erzhohen Domkapitels, auch aller zum k. Hof- und Kurstaate gehöriger Stellen und Aemter, Mainz o. J. [1793], S. 131, sowie Kurmainzischer Hof- und Staats-Kalender auf das Jahr 1796. Mit

fig in der Residenzstadt am Main tagenden Hofrats- und Landesregierungskollegiums[6] am 19. Juni vor[7], daß der Schwarzbrotlaib zu sechs Pfund – das damals in Aschaffenburg gebräuchliche Pfund entspricht rund 505,3 Gramm[8] – 24 Kreuzer[9] kosten solle[10]. Hinsichtlich des Weißbrotes empfahl er gleichzeitig, daß „es zwar bei dem bisherigen Gewicht zu 4 Loth für 1 Kr. zu belassen sey, jedoch aber die Beker anzuweisen, 1 Kr. Brödchen zu bakken, welches die meisten bisher unterließen, und habe das K. Vizedomamt[11] durch beständige Visitazion nachzusehen, ob die 2 Kr. Weis Brod auch 8 Loth im Gewicht haben". Während das Schwarzbrot das gleiche Gewicht behalten sollte, aber der zu zahlende Kreuzerbetrag erhöht wurde, erfolgte die Regulierung des Weißbrotpreises über das Gewicht[12]: Wurde das Weizenmehl teurer, wurde das Weißbrot leichter. Aus Mergets Bemerkung geht auch hervor, daß die Bäcker damals zumeist Weißbrot zu zwei und nicht zu einem Kreuzer backten. Er empfahl außerdem eine regelmäßige Kontrolle, um dafür zu sorgen, daß die Weiß-

---

einem Verzeichniß des erzhohen Domkapitels, auch aller zum Hof- und Kurstaate gehörigen Stellen und Aemter, Mainz o. J. [1795], S. 129. Der in Mainz geborene Merget (1750-1829) starb als Oberappellationsgerichtsrat in Aschaffenburg an Altersssschwäche; vgl. Stadt- und Stiftsarchiv Aschaffenburg, Sterberegister 1817-1834, S. 173, sowie Aschaffenburger Wochenblatt 1829, Nr. 19 (7. März), S. [4].

[6] Dieses Kollegium war für die allgemeinen Angelegenheiten der Landesverwaltung zuständig; vgl. *Hans Goldschmidt*, Zentralbehörden und Beamtentum im Kurfürstentum Mainz vom 16. bis zum 18. Jahrhundert (Abhandlungen zur Mittleren und Neueren Geschichte, Heft 7), Berlin / Leipzig 1908, S. 82-87, sowie *Günter Christ*, Erzstift und Territorium Mainz, in: Friedhelm Jürgensmeier (Hrsg.), Handbuch der Mainzer Kirchengeschichte, Bd. 2: Erzstift und Erzbistum Mainz. Territoriale und kirchliche Strukturen (Beiträge zur Mainzer Kirchengeschichte, Bd. 6,2), Würzburg 1997, S. 15-444 u. 593-612, dies S. 33 u. 38. Zur damaligen Zusammensetzung des Kollegiums vgl. einen weiteren Mitarbeitern vgl. Hof- und Staats-Kalender 1794 (wie Anm. 5), S. 127-134, sowie dgl. 1796 (wie Anm. 5), S. 125-133. Das Kollegium wurde wie die sonstige Zentralverwaltung des Erzstiftes Mainz 1794 zunächst vorläufig und – nach zeitweiser Rückkehr an den Rhein – 1798 endgültig von Mainz nach Aschaffenburg verlegt; vgl. *Sigrid von der Gönna*, Hofbibliothek Aschaffenburg. Ihre Geschichte in der Tradition der Kurfürstlich Mainzischen Bibliothek, Wiesbaden 1982, S. 132, sowie *St[ephan] Behlen* u. *J[oseph] Merkel*, Geschichte und Beschreibung von Aschaffenburg und dem Spessart, Aschaffenburg 1843, S. 29. Zu den wechselnden Sitzen der mainzischen Verwaltung 1792-1798 vgl. Staatsarchiv Würzburg, Mainzer Regierungsarchiv, L 130, 132, 136, 140, 149, 284, 285 u. 286. Hofrats- und Landesregierungskollegium hier fürderhin kurz als Landesregierung bezeichnet.

[7] Undatiertes Referat Mergets mit der Notiz, daß am 19. Juni 1795 entsprechend seinem Vorschlag beschlossen: Staatsarchiv Würzburg, Mainzer Polizeiakten, 2255 I.

[8] Ein Pfund Aschaffenburger Schwergewicht entspricht genau 505,3107698 Gramm; vgl. *Michael Streiter*, Das wahrscheinlich der teutschen Nation angehörende Urmaaß. Aufgefunden in dem Fürstenthume Aschaffenburg und verglichen mit dem französischen Maaße, Aschaffenburg 1811, Tab. XI.

[9] 60 Kreuzer (kr., Kr., xr. oder Xr.) kamen, wie durch der Reichsmünzordnung von 1559 festgelegt, auf einen Gulden (fl.); vgl. *Friedrich Freiherr von Schrötter*, Gulden. 1. Deutsche Gulden, in: ders. (Hrsg.), Wörterbuch der Münzkunde, Berlin / Leipzig 1930, S. 245-246, dies S. 245.

[10] Knapp zehn Jahre zuvor hatte der Brotpreis erheblich niedriger gelegen, wie aus der Aschaffenburger Brottaxe vom 16. September 1785 – Druck: Aschaffenburger privilegirtes Intelligenzblatt 1786, Nr. 10 (11. März), S. [4] – hervorgeht, denn damals kostete der entsprechende Schwarzbrotlaib nur neun Kreuzer, und für einen Kreuzer konnte man elf Lot Weißbrot bekommen. Noch in der Brottaxe vom 5. November 1794 – Druck: ebd. 1794, Nr. 45 (10. November), S. [4] – hatte das entsprechende Schwarzbrot lediglich 16 kr. gekostet. Beim Zeitungstitel des J der Frakturschrift entsprechend dem modernen, zwischen I und J differenzierenden Gebrauch als I wiedergegeben.

[11] Das Vizedomamt war eine Mittelbehörde zwischen Landesregierung und unterer Verwaltungsebene, die sich aus dem Amt des 1122 erstmals für Aschaffenburg belegten Vizedoms entwickelt hatte; zur Geschichte des Vizedomamtes vgl. *Günter Christ*, Aschaffenburg. Grundzüge der Verwaltung des Mainzer Oberstifts und des Dalbergstaates (Historischer Atlas von Bayern, Teil Franken, Reihe I, Heft 12), München 1963, S. 63-66, sowie ders., Erzstift (wie Anm. 6), S. 46-50.

[12] Die Regulierung der Preise nicht nur des Weißbrotes, sondern auch anderer Brotsorten über die Festsetzung des Gewichtes war anderswo ebenfalls üblich; vgl. *Gerhard* u. *Kaufhold*, Preise, Nahrungsmittel (wie Anm. 2), S. 130-160.

brote zu zwei Kreuzer auch wirklich ein Gewicht von acht Lot – ein Lot = rund 15,8 Gramm[13] – hatten.

Diesen Vorschlägen stimmte das Regierungskollegium zu und schickte das Referat Mergets an den Landesherrn, Erzbischof und Kurfürst Friedrich Carl Joseph (1719-1802)[14], der die Angelegenheit des Weißbrotpreises allerdings etwas anders sah und am 22. Juni auf das Schriftstück folgende Verfügung setzen ließ, die er eigenhändig unterschrieb[15]:

> „*Placet*; doch ist in Ansehung des Weisbrods nicht so streng auf 8 Loth für den 2 X^r Weck zu bestehen, weil hier der Preiß auf die reichere Klasse der Konsumenten fällt. Aschaffenburg, den 22ten Junius 1795.
>
> Friedrich Carl J: Churfürst".

Diese Äußerung zeigt, daß der Landesherr bei der Festlegung des Preises für Schwarzbrot, das für die Mehrheit der Bevölkerung das wichtigste Grundnahrungsmittel war, den Vorschlägen seiner Regierung folgte, aber hinsichtlich des über das Gewicht gesteuerten Weißbrotpreises bewußt eine Benachteiligung der reicheren Einwohner in Kauf nahm. Eine solche gleichsam soziale Einstellung ist auch bei anderen seiner Entscheidungen und Handlungen festzustellen; so hatte er beispielsweise im Frühjahr 1784 aus eigenen Mitteln 12000 Gulden in die Wasserkollektenkasse gezahlt, um den durch Hochwasser und Eisgang geschädigten Einwohnern an Main und Rhein zu helfen[16].

Ein Jahr nach der zitierten Äußerung des Landesherrn hätte das Schwarzbrot aufgrund des Getreidepreises 29 Kreuzer kosten müssen, wie das Vizedomamt festgestellt hatte, aber es schlug vor, den Preis bei 25 Kreuzer zu belassen; andererseits hätte der Weißbrotweck für einen Kreuzer 4$^1/_2$ Lot wiegen sollen, das Vizedomamt schlug aber ein Gewicht von lediglich vier Lot vor[17]. Die Landesregierung stimmte dem anderentags zu[18]. Somit setzte der Regierungsbeschluß von 1796 die bereits im Vorjahr von Erzbischof und Kurfürst Friedrich Carl Joseph vertretene soziale Gestaltung der Brotpreise fort.

---

[13] Ein Lot Aschaffenburger Schwergewicht entspricht genau 15,7909615 Gramm; vgl. *Streiter* (wie Anm. 8), Tab. XI.

[14] Zu diesem, 1774-1802 Erzbischof von Mainz und Kurfürst des Reiches, vgl. oben, S. 7-16, den ihm gewidmeten biographischen Artikel.

[15] Eigenhändig mit „Friedrich Carl J: Churfürst" unterschriebene Marginalverfügung, die in Aschaffenburg am 22. Juni 1795 datiert: Staatsarchiv Würzburg, Mainzer Polizeiakten, 2255 I.

[16] Bekanntmachung der kurfürstlichen Regierungskanzlei (Mainz, 29. April 1784; Konzept), daß Erzbischof und Kurfürst den Betrag von 12000 fl. aus eigenen Mitteln in zwei Raten durch Hofkammerrat Koenig und den Geheimen Sekretär Koch am 16. bzw. 29. April hatte zur Wasserkollektenkasse auszahlen lassen: Staatsarchiv Würzburg, Aschaffenburger Archivreste, 16/XL, 1. Zum Eisgang des Jahres 1784 vgl. außer vorgenannter Akte ebd., 16/XXXIX, 2 u. 17/XLI, 1, Bd. I-III.

[17] Vizedomamt Aschaffenburg – Will, Amtskeller abwesend, Lippert – (Aschaffenburg, 2. Juni 1796; beim Empfänger am gleichen Tag eingegangen) an Landesregierung: Staatsarchiv Würzburg, Mainzer Polizeiakten, 2255 II.

[18] Landesregierung (Aschaffenburg, 3. Juni 1796; Konzept mit Absendevermerk von Vizedomamtsdirektor Will, allerdings in seiner Eigenschaft als Hof- und Regierungsrat) an Vizedomamt Aschaffenburg: ebd. Zu den Ämtern Wills vgl. Hof- und Staatskalender 1794 (wie Anm. 5), S. 131 u. 196, sowie dgl. 1796 (wie Anm. 5), S. 129 u. 196.

Index – Personen und Topographie

Quellen- und Literaturangaben der Anmerkungen wurden nicht erfaßt. Vornamen der mainzischen Beamten wurden, sofern sie nicht in den Anmerkungen angegeben sind, den Hof- und Staatskalendern entnommen, ist eine andere Schreibweise der Vornamen als dort durch entsprechende Quellen oder zuverlässige Literatur gesichert, steht jene der Kalender in Klammern.

Aarau: 14, 33
Alpen: 47
Ansbach (Fürstentum): 47
Ansbach (Landkreis): 47
Anspach ➤ Ansbach (Fürstentum)
Archangel ➤ Archangelsk
Archangelsk: 28
Arelat: 13
Aschaffenbourg ➤ Aschaffenburg
Aschaffenburg: 15-18, 30, 32-35, 38 f., 41-51, 55, 57, 67 ff., 83, 86 f., 89-95
- Damm: 39
- Gasthöfe
- - Zum goldenen Adler: 50
- - Zum römischen Kaiser: 48
- Gebäude
- - Agathakirche: 86
- - Hasselthor ➤ Herstalltor
- - Herstalltor: 44
- - Jesuitenkirche: 40
- - Jesuiter-Kollegium ➤ Jesuitenkolleg(ium)
- - Jesuitenkolleg(ium): 40
- - Kapuzinerkloster: 41
- - Kollegiatstift St. Peter und Alexander ➤ Stift(skirche)
- - Osteiner Hof: 40
- - Pompejanum: 41
- - Posthaus: 48
- - Schloß Johannisburg: 31 ff., 38 f., 41, 46, 48-51
- - - Bergfried: 41
- - - Kaisersaal: 31
- - - Schloßhof: 41
- - - Schloßplatz ➤ Schloßhof
- - - Schönborner Hof: 40
- - Stift(skirche) St. Peter und Alexander: 16, 40, 49
- - Töngesturm: 40
- Mainbrücke: 46, 50
- Nilkheimer Hof: 46

- Parkanlagen
- - Fasanerie: 44, 49 f.
- - Garten ➤ Schöntal
- - Großmutterwiese: 44
- - Offenes Schöntal: 41
- - Promenade ➤ Offenes Schöntal
- - Schloßgarten: 41
- - Schönbusch: 33, 35, 41, 44 ff., 49, 51
- - - Bach ➤ Welzbach
- - - Baumschule: 45
- - - Berge: 45
- - - Bienenhaus: 45
- - - Dörfchen: 45
- - - Garten: 45
- - - Kanal: 45 f.
- - - Kaskade: 46
- - - Konditorei: 46
- - - Küchengebäude: 46
- - - Lärchenberglein: 46
- - - Oberer See: 46
- - - Pavillon: 45 f., 49
- - - Schloß ➤ Pavillon
- - - Speisesaal: 45 f.
- - - Spiele: 45
- - - Teich ➤ Oberer See
- - - Unterer See: 45 f.
- - - Wachtgebäude: 46
- - - Weiher ➤ Unterer See
- - - Welzbach: 46
- - - Wirtschaftsgebäude: 45
- - Schöner Busch ➤ Schönbusch
- - Schönes Thal ➤ Schöntal
- - Schöntal: 41, 49 ff.
- - - Gemüsegarten ➤ Küchengarten
- - - Küchengarten: 41, 44, 49
- - - Orangerie: 50
- Schweizerei ➤ Nilkheimer Hof
- Stadtgraben: 41
- Stadtmauer: 41
- Stadtwall: 41

- Straßen
- - Aschaffenburger Chaussee → Darmstädter Straße
- - Dalbergstraße: 40
- - Darmstädter Chaussee → Darmstädter Straße
- - Darmstädter Straße: 46
- - Erthalstraße: 41
- - Friedrichstraße: 41
- - Große Schönbuschallee → Darmstädter Straße
- - Heerstraße → Darmstädter Straße
- - Hofgartenstraße: 44, 50
- - Kleine Schönbuschallee: 35 f., 38
- - - Kerpen-Denkmal: 35-38, 46, 51
- - Luitpoldstraße: 48
- - Pfaffengasse: 40
- - Platanenallee: 41, 44
- - Strickergasse: 48, 50
- - Weißenburger Straße: 41
- - Wermbachstraße: 40
- Verwaltungseinrichtungen
- - Hofrats- und Landesregierungskollegium → Landesregierung
- - Landesregierung: 39, 50, 94 f.
- - Stadtamt: 39, 87, 90, 92
- - Vizedomamt: 39, 61, 86 f., 90 ff., 94 f.
- - Willigisbrücke → Mainbrücke
Aschaffenburg (Oberkellerei): 24
Augsburg: 33

Baaden → Baden
Baden (Markgrafschaften): 39
Baiern → Bayern
Bamberg: 9, 12, 16
Bamberg (Hochstift): 8 f., 11 f.
- Bischof: 24
- - Franz Ludwig: 8, 16 → Erthal bzw. Würzburg (Hochstift)
- Domkapitel: 9
Bayern: 46, 68
Beer, Johann Friedrich: 10
Belgien: 18
Bergen (Norwegen): 86
Bergstraße: 49
Berlin: 33, 52, 57, 68, 70, 72, 75, 78-81
- Behörden usw. → Preußen
Bessenbach → Straßbessenbach

Bettendorf, Maria Eva Freiin von → Erthal
Bibra, Philipp Anton Freiherr von: 73 f.
Björnståhl, Jacob Jonas: 50
Bobstadt (jetzt: Bürstadt-Bobstadt): 59, 66
Böhmen: 53
Bonn: 62
Braunschweig: 93
Breidbach-Bürresheim (Adelsgeschlecht): 11
- Emmerich Joseph Freiherr von → Mainz (Erzstift), Erzbischöfe
Bremen: 93
Brieg (poln.: Brzeg): 57
Brunst (heute: Leutershausen-Brunst): 47
Brunst (Landschaft): 47
Bürstadt: 59

Celle: 93
Chur-Maynz → Kurmainz
Colmberg (Oberamt): 47
Coudenhove
- Georg Ludwig Freiherr von: 77
- Sophie Freifrau (1790 Gräfin) von, geb. Gräfin von Hatzfeldt-Wildenburg: 77 f.
Curland → Kurland

Dänemark: 86
Dalberg, Carl Theodor Anton Maria Freiherr von: 77 ff., 91 → Mainz (Erzstift), Coadjutor
Darmstadt: 46, 49
Delitzsch: 49
Dettingen am Main (heute: Karlstein-Dettingen): 32
Deutschland: 7 f., 10, 13 f., 18, 31, 33 ff., 45, 48, 50, 52-58, 68, 72-77, 80, 82, 86
- Heiliges Römisches Reich Deutscher Nation: 12 f., 16 f., 21-24, 31, 53, 59, 69, 83
- - Kaiser: 14 f., 23
- - - Franz II.: 8, 15
- - - Joseph II.: 11-15
- - - Karl VI.: 7 f.
- - - Leopold II.: 15
- - König: 11
- - - Joseph II. → Kaiser
- - Kurfürsten: 13
- - Reichshofkanzlei: 12
- - - Erzkanzler: 12-16
- - - Reichserzkanzler → Erzkanzler
- - - Reichsvizekanzler: 12

- Reich → Heiliges Römisches Reich Deutscher Nation
Deutsch-Wartenberg (poln. Otyń): 52
Dresden: 33
Duderstadt: 93

Eichsfeld: 86 f.
Eisenach (Thüringen): 47
Ellrich: 52, 57 f., 68, 72 ff., 78 f.
- Hohensteinische Kammerdeputation: 72
Elsaß: 53
Emden (Niedersachsen): 93
Engelland → England
England: 27, 45, 49 f., 53
Erfurt: 48, 77 f., 91
- Statthalter: 77
- - Carl Freiherr von Dalberg: 77 → Dalberg
Erlangen: 83, 88-91
Erthal (Adelsgeschlecht): 21
- Erthal-Elfershausen: 7, 22
- - Franz Ludwig Freiherr von: 8, 16 → Bamberg (Hochstift), Bischöfe bzw. Würzburg (Hochstift), Bischöfe
- - Friedrich Carl Joseph Freiherr von: 7-13, 16, 22, 24-29, 59 → Mainz (Erzstift), Erzbischöfe
- - Lothar Franz Michael Freiherr von: 7, 21-26, 66 f., 69, 72, 79 ff.
- - Maria Eva Freifrau von, geb. Freiin von Bettendorf: 7
- - Philipp Christoph Freiherr von: 7, 21 ff.
- Erthal-Leuzendorf: 7, 22
- - Carl Friedrich Wilhelm Freiherr von: 21-25
Esselbach: 47
Evangelische: 14, 62

Faber
- Henrich: 18
- Johann Peter Joseph Nepomuk von: 90
- Wendelin: 18
Finck von Finckenstein, Karl Wilhelm Graf von: 70, 72, 78 f., 81
Francfort → Frankfurt
Francken → Franken
Franckreich → Frankreich
Franken: 23, 39
Frankenstein, Franz Christoph Karl Philipp Hugo Freiherr von: 61
Frankfurt (Großherzogtum)
- Großherzog
- - Carl → Dalberg
Frankfurt am Main: 11 f., 15 f., 33 f., 38, 44, 46-50, 67 f.
Frankfurt am Main-Höchst → Höchst
Frankfurt am Main-Praunheim → Praunheim
Frankreich: 15, 18, 27, 33, 35, 46, 53, 80
Fürstenbund: 15
Fuld → Fulda
Fulda: 73
Fulda (Fürstentum): 73
Fulda (Hochstift): 65, 73
- Domkapitel: 73
- Kammerpräsident: 73 → Bibra
- Regierungspräsident: 73 → Bibra

Gallien: 13
Genf (frz.: Genève): 53
Gentil, Otto: 36
Gercken, Philipp Wilhelm: 30, 38 f., 41, 44-48, 50 f.
Germanien → Deutschland
Göcking → Goe(c)kingk
Göking → Goe(c)kingk
Gökingk → Goe(c)kingk
Goe(c)kingk
- Amalie (1789 von), geb. Vopel: 76 f.
- Leopold Friedrich Günther (1789 von): 52-58, 62-67, 69-82
- Sophie, geb. Vopel: 77
Goethe, Johann Wolfgang von: 11 f.
Göttingen: 14, 52, 93
Gonzague, Elisabeth Ragoni Princesse de: 16
Goslar: 57
Gottlob, Ernst: 71
Graff, Anton: 71
Gröningen: 52
Großbritannien: 18

Habsburg (Kaiserhaus): 7
Habsburg-Lothringen (Kaiserhaus): 8
Halberstadt: 52, 70, 72, 78 f.
- Kammerdeputation: 72
- Regierung: 72
Halle (Saale): 38, 52, 57
Hamburg: 27, 48, 93

Hanau: 32, 39, 41, 50
Hanau-Wilhelmsbad → Wilhelmsbad
Hannover: 33, 52
Hannover-Wülferode → Wülferode
Harderwijk: 83
Hartung (Schiffer): 62
Harz: 72
Hassencamp, Johann Matthäus: 30, 32 f., 50 f.
Hatzfeldt-Wildenburg, Sophie Gräfin von → Coudenhove
Haupt, Philipp Jakob Christoph von: 60, 66 f., 75
Heiligenstadt (Eichsfeld): 86 f.
Heimbuchenthal (Amt): 87
Heimes, Johann Valentin: 64
Heinsius, Wilhelm: 31
Heppenheim: 59 f.
Herford: 57
Hertzberg, Ewald Friedrich Freiherr (1786 Graf) von: 70, 72 ff., 78 f., 81
Hessen-Darmstadt: 60
Hessen-Kassel: 83
Hildesheim: 57
Hochstetter
- Gottfried Adam Freiherr von: 67 f., 70, 79 ff.
- Johann Ludwig Freiherr von: 68, 70, 80 f.
Höchst am Main (heute: Frankfurt am Main-Höchst): 14, 33, 38
Hoffmann, Christoph Ludwig → Hofmann
Hofmann
- Christoph Ludwig: 83
- Johann Ludwig: 26
Holberg, Ludvig: 86
Holland: 28

Ingolstadt: 46
Irland: 53
Isenburg (Fürstentum): 46
Italien: 13, 24

Jena: 47, 83
Joß, Aloysius: 60
Jtalien → Italien
Juden: 14, 62

Kaltennordheim: 47 f.
Katholiken: 14, 62, 64 f.
Kaufmann, Alexander: 86 f., 90 ff.

Kerpen, Johann Walter von: 35-38, 46, 51
Kissel, Ignaz Marianus: 61
Kleiner, Philipp Anton: 90
Koch, Johann Laurenz: 95
Köln: 33
Köln (Erzstift): 65
- Erzbischöfe: 13
Koenig, Franz Joseph: 95
Kopenhagen (dän.: København): 86
Korff, Luise Dorothea von → Medem
Kreuter, Joseph: 60
Küttner, Carl Gottlob: 30, 39, 49 ff.
Kurfürst → Mainz (Erzstift), Erzbischöfe
Kurland (lett.: Kurzeme): 57 f., 77
- Herzog
- - Peter Biron: 57
Kurmainz → Mainz (Erzstift)

Lampertheim: 60
Landeshut → Landshut
Landshut: 46
Leipzig: 33, 38, 49, 52
Leo, Jacob (Jakob): 39
Lichtenberg, Georg Christoph: 52
Linz: 33
Lippert, Karl Franz: 95
Lohr: 7, 21, 23, 25, 35
London: 53
Lübeck: 48
- Fischergrube: 48
Lüneburg: 57, 93

Magdeburg: 52, 57, 72
- Kriegs- und Domänenkammer: 72
Main: 32, 35, 38, 41, 44, 47-51, 83, 90 f., 94 f.
Mainz: 7 ff., 11 f., 15-18, 20, 24, 26 f., 29, 33, 38, 41, 47 f., 50, 54 f., 61, 64, 69, 72, 80, 83, 88-91, 93 ff.
- Dom: 12
- - Turm: 62
- Jesuitenkolleg: 8
- Justizhaus: 61
- St. Johannesstift: 12
- Schloß: 41, 61
- Schloßplatz: 61
- Universität: 8 f., 14, 24, 62, 64
Mainz (Erzstift): 8 f., 11 f., 14 ff., 20, 25, 31 ff., 35, 47, 50, 52, 57, 59-62, 65, 68 ff., 72 f., 76, 78, 82 f., 87, 91 f., 94

- Coadjutor: 15
- - Carl Freiherr von Dalberg → Dalberg
- Commercien-Conferenz → Kommerz-Konferenz
- Conferenz, Zum Besten des Allmosen-Weesen depudirte → Konferenz
- Domkapitel: 9, 13, 15, 62, 83, 91
- Erzbischöfe: 9, 13, 17, 20 ff., 24, 31, 39 ff., 44 f., 47 f., 50, 63, 67
- - Carl → Dalberg
- - Emmerich Joseph: 11-14, 21, 25
- - Friedrich Carl Joseph: 7, 10, 13-16, 27, 29, 31, 33 f., 39, 41, 44 f., 47 f., 50, 59, 61-67, 69 f., 73 f., 78 f., 81, 83 f., 86, 88-91, 93, 95 → Erthal
- - Johann Friedrich Carl: 9, 11, 23
- - Johann Schweikard: 17 f., 20, 47
- Feuerversicherungsgesellschaft: 62
- Generalvikariat: 64
- Hofrat: 11, 17, 21, 61
- Hofrats- und (Landes-)Regierungskollegium: 66 f., 93
- Kabinett: 66 f.
- Kommerz-Konferenz: 11
- Konferenz, Zum Besten des Allmosenwesen deputirte Konferenz: 11
- Kriegs-Conferenz → Kriegs-Konferenz
- Kriegs-Konferenz: 11
- Landesregierung: 11, 14 f., 66, 83 f., 86, 90 f.
- Ministerium: 72, 73, 79
- Regierung → Landesregierung
- Regierungskanzlei: 95
- Staats-Konferenz, Geheime: 66 f.
- Statthalter in Erfurt: 77 → Dalberg
- Weihbischof: 64 → Heimes

Marburg: 32
Marseille: 16
Mayence → Mainz
Mayn → Main
Maynz → Mainz
Medem
- Charlotta Elisabeth Constanzia Freiin von → Recke
- Johann Friedrich Freiherr (1779 Graf) von: 76
- Luise Dorothea Freifrau von, geb. Freiin von Korff: 76
Merget, Georg Adam: 93 ff.
Mietau → Mitau

Miltenberg: 38 f., 44
Minden (Nordrhein-Westfalen): 57
Mitau (lett.: Jelgava): 57
Mitteldeutschland: 93
Mößell (Vizedomamtspraktikant): 87
Montag
- NN (Ehefrau des Wilhelm): 61
- Wilhelm: 59 ff., 66
Moscau → Moskau
Moskau (russ. Moskva): 27
Mühlhausen (Thüringen): 57
München: 33, 46
Münster (Westfalen): 93
Münster (Hochstift): 83

Neubauer, Friedrich Ludwig: 10
Niedernberg: 44
Niederschlesien: 52
Nordwestdeutschland: 93

Obernburg: 38, 44
Oberrheinischer Kreis: 68
Oder: 57
Österreich: 8, 91
- Kaiser
- - Franz I. → Deutschland, Reich, Kaiser, Franz II.
Ofenbach → Offenbach
Offenbach am Main: 46
Osnabrück: 93
Ostein, Grafen von: 9, 40
- Johann Friedrich Carl → Mainz (Erzstift), Erzbischöfe
Ovelog, Johann Baptist: 90

Paderborn: 93
Papst: 13 f., 91 f.
Paris: 33
Passau: 33
Pestel, Gottfried: 27
Pfalz-Zweibrücken : 68
Podolack, Philipp : 26 f.
Podulack → Podolack
Portugal: 27
Portugall → Portugal
Potolac → Podolack
Prag (tschech.: Praha): 11
Praunheim (heute: Frankfurt am Main-

Praunheim): 67, 70, 79 ff.
Preusen → Preußen
Preußen: 15, 52, 58, 67-70, 91
- Departement der auswärtigen Angelegenheiten: 72 f., 79 f.
- Generaldirektorium: 52, 70, 72
- Generalfinanzdirektion: 70
- General-Kriegskommissariat: 70
- General-Ober-Finanz-Kriegs- und Domänen-Direktorium → Generaldirektorium
- Gesandtschaft Praunheim: 69 f., 72, 79 ff.
- Justizdepartement: 72
- Kabinettsministerium: 70, 72 f., 78 f., 81
- Kabinettsregierung: 70
- König: 69 f., 80 f.
- - Friedrich II., der Große: 69 f., 72, 78-81
- Ministerialbehörde: 69

Recke
- Charlotta Elisabeth Constanzia Freifrau von der, geb. Freiin von Medem → Elisa
- Elisa Freifrau von der, geb. Freiin von Medem: 57, 76 ff.
- Georg Peter Magnus Freiherr von der: 76
Regensburg (Hochstift)
- Erzbischof
- - Carl → Dalberg
Reims: 8
- Universität: 8
Rheda (heute: Rheda-Wiedenbrück): 83
Rhein: 34, 50, 59, 62, 94 f.
Rheingegend: 49
Riesbeck, Johann Kaspar: 14, 30, 33, 35, 38, 46, 50 f.
Rinteln: 32, 83
Rothenbuch (Amt): 87
Rothenbuch (Kellerei): 87

Sachsen: 53
Sachsen-Weimar: 47
Salzburg: 33
Salzwedel: 38
Scherer, Friderich: 26
Schernhagen, Johann Andreas: 52
Schönborn, Grafen von: 40
Schottland: 53
Schwabenhausen, Johann Niklas: 90
Schweinfurt: 48

Schweiz: 46, 53
Seligenstadt: 44, 50
Spanien: 7, 27
- König: 7
- - Karl III. → Deutschland, Reich, Kaiser, Karl VI.
Speshart → Spessart
Spessart: 32 ff., 41, 47 f., 50
Speßhart → Spessart
Stettin (poln.: Szczecin): 57
Stockstadt am Main: 44
Straßbessenbach (heute: Bessenbach-Straßbessenbach): 47
Straßburg (frz.: Strasbourg): 39
Straubing: 46
Straubingen → Straubing
Straus → Strauß
Strauß, Gottlieb August Maximilian von: 66 f.
Stuttgard → Stuttgart
Stuttgart: 33, 38

Tempel, Matheus (Mathäs): 39
Thon, Christian Friedrich Gottlieb: 30, 47-51
Trier (Erzstift)
- Erzbischöfe: 13

Urlaub, Georg Anton Abraham: 10

Vopel
- Amalie → Goe(c)kingk
- Sophie → Goe(c)kingk
Vorhaus, Johann Peter Andreas: 87, 90

Waake: 93
Waldthürn → Walldürn
Walldürn: 62-65, 67
Wallthüren → Walldürn
Wanfried: 57
Weber, Joseph: 60
Wernigerode: 52, 75
Wertheim: 38
Wiedemar: 49
Wien: 12 f., 15, 33, 53
- Reichshofratskanzlei: 12
Wilhelmsbad (heute: Hanau-Wilhelmsbad): 16
Will, Carl (Karl) Joseph Wilhelm: 95
Worms: 38 f.
Worms (Hochstift): 57, 59 ff., 64, 72, 75

- Bischöfe: 13, 21, 23
- - Emmerich Joseph: 11, 21 ➤ Mainz (Erzstift), Erzbischöfe
- - Friedrich Carl Joseph: 13, 59 ➤ Erthal bzw. Mainz (Erzstift), Erzbischöfe
- - Johann Friedrich Carl: 9, 23 ➤ Mainz (Erzstift), Erzbischöfe
- Hofgericht: 60
- Regierung: 59, 61, 72, 75
- Weihbischof: 64 ➤ Heimes

Wülferode (heute: Hannover-Wülferode): 77

Würzburg: 8, 22, 32 f., 48 f., 51
- Residenz: 49
- Schloß ➤ Residenz
- Universität: 8

Würzburg (Hochstift): 8, 11, 22, 25, 47
- Bischof
- - Franz Ludwig: 8, 16 ➤ Erthal bzw. Bamberg (Hochstift)

Zerbst: 57
Zürich: 33, 38